T0283357

MEDICINA ESPIRITUAL

Angélica Bovino

MEDICINA ESPIRITUAL

Sanando de la mano de los Arcángeles

KEPLER

Argentina – Chile – Colombia – España
Estados Unidos – México – Perú – Uruguay

1.ª edición: octubre 2024

ISBN: 978-607-69632-5-8
E-ISBN: 978-84-10365-78-0

Fotocomposición: Ediciones Urano, S.A.U.

Impreso por: Litográfica Ingramex, SA de CV.
Centeno 162-1. Col. Granjas Esmeralda. CDMX, 09810.

Impreso en México – *Printed in Mexico*

Dedicatoria

A mi madre:
Gracias por haberme enseñado los valores del amor, la resiliencia, la perseverancia y la fe. A través de tu ejemplo, me enseñaste a no darme por vencida, a que todos los sueños se pueden lograr y a que la vida, aunque a veces parezca complicada, es una danza maravillosa que merece ser bailada.

A mi padre:
Gracias por enseñarme el valor de ser diferente, a ser creativa y a sentirme libre para expresarme como soy.

Su guía constante y presencia amorosa sigue iluminando mi camino, incluso desde el cielo. Su legado vive en cada paso que doy.

A la niña de las coletas chuecas (mi niña interior):
Gracias por tu valentía, por nunca perder la esperanza y por recordarme siempre la importancia de soñar. Hoy, abrazamos juntas este viaje de sanación y plenitud, celebrando la magia y la sabiduría que llevas dentro. ¡Sigue adelante, no tienes idea de lo lejos que llegaremos!

Índice

Tu cuerpo, tu alma, tu maestría

Una vez más te pedimos que seas consciente. Una vez más te pedimos que permitas que tu mente vaya más allá de lo evidente y que te permitas observar, sentir y escuchar a tu alma.

Es en tu alma en donde se encuentran las respuestas a todos tus cuestionamientos. Es en tu alma en donde te vas a dar cuenta de lo que significa en realidad tu paso por esta Tierra.

Tu cuerpo físico es importante. Sí, es tu templo, tu vehículo y el contenedor de tu alma en este proceso llamado vida. Pero deben saber que es aún más importante el alma. El cuerpo muere, el alma trasciende; el cuerpo enferma, el alma sana; el cuerpo tiene miedo y se contrae, el alma ama y se engrandece.

Entonces, aunque el cuerpo es importante, el alma lo es aún más. El alma es la que aprende y la que continuará a pesar del cuerpo. El cuerpo está al servicio del crecimiento del alma. El alma usa al cuerpo para experimentarse a sí misma de mil maneras durante la vida humana.

El cuerpo toma formas, se comporta, se transforma, se enferma de determinadas maneras para que el alma se conozca, crezca y se expanda. Es en este conocimiento del alma, a través de tu propio cuerpo, en donde se encuentra tu maestría.

Permítenos guiarte, permítenos llevarte de la mano en este despertar de tu cuerpo, en este peregrinaje de aprendizaje que tú mismo decidiste emprender. Permítenos sanar tu alma, sanar tu cuerpo y, a través de esta sanación, mostrarte tu grandeza.

Te amamos y te acompañamos hoy y siempre,

__Arcángel Rafael__

El caso de Laura

Laura llegó a mi consultorio a tomar una angeloterapia. El motivo de la consulta era pedir guía a los ángeles sobre un posible trasplante de riñón. Laura tenía una enfermedad renal crónica y llevaba mucho tiempo esperando al donador, parecía ser que ya lo había encontrado. Someterse a esta cirugía implicaba un riesgo mayor y no había una garantía de que funcionara al ciento por ciento. Por otro lado, dejar de tomar el riesgo no era una opción, Laura, a pesar de ser una mujer relativamente joven con solo 37 años, estaba tomando diálisis una vez a la semana y este proceso resultaba demasiado desgastante para ella y para su familia.

La reacción normal de la mayoría de las personas al enterarse de un diagnóstico de enfermedad es buscar segundas o terceras opiniones. Desean que les digan que el médico se equivocó. Algunos, al no recibir un diagnóstico diferente, buscan algún tipo de medicina alternativa, una terapia milagrosa, un acto de magia casi, que los cure de manera inmediata y que los ayude a erradicar por completo la enfermedad.

La angeloterapia no funciona así. He tenido infinidad de consultantes que llegan al consultorio buscando la sanación repentina, milagrosa y definitiva a su afección y, lo que terminan recibiendo, es una guía, por parte del Arcángel Rafael, sobre lo que ocasionó el mal. Y la sanación se basa más en el origen de la enfermedad y no en la afección en sí. En muchas ocasiones, el Arcángel Rafael puede sugerir un tipo de tratamiento o modificar ciertos hábitos para ayudar al paciente a sobreponerse a la enfermedad, pero, hasta este momento, nunca he canalizado un mensaje que implique que la persona en cuestión no reciba el tratamiento médico adecuado en el plano físico; tampoco, en una sesión de terapia, un consultante ha sanado por completo sus síntomas y ha salido totalmente curado. Entonces, ¿para qué tomar una angeloterapia en una situación así?

La angeloterapia es un proceso de sanación espiritual que no busca sanar las enfermedades físicas como tal; es decir, no es un acto mediante el cual la enfermedad va a desaparecer de forma milagrosa. La angeloterapia trabaja de manera mucho más profunda desde el cuerpo energético, busca la armonización y la sanación de los cuatro cuerpos: mental, emocional, espiritual y físico. Cuando se usa para sanar una enfermedad, la angeloterapia nos lleva al origen de esta, ya sea emocional, por toxicidad o por contrato; y, al mostrar lo que causó la enfermedad en un principio, busca sanar la parte emocional involucrada, los hábitos o costumbres que requieren ser modificados y/o la aceptación de la maestría que la enfermedad viene a traer.

Siempre que se trabaja en una angeloterapia con una enfermedad, el Arcángel Rafael se hace presente, él es el Arcángel Médico y es quien nos va a guiar a través de situaciones que impliquen temas de salud física, emocional y espiritual.

Dicho todo esto, al cerrar mis ojos para recibir la guía que necesitaba para Laura, el primer mensaje vino del Arcángel Rafael. Me imagino que, al asistir a esta terapia, Laura, como la mayoría de los consultantes que llegan con estos temas, esperaba dos posibles escenarios: una guía certera sobre las acciones a tomar o una sanación inmediata, inminente y milagrosa.

No creo que Laura se hubiese imaginado lo que sucedió.

Al abrirme al mensaje para Laura, me llegó, de manera rápida y contundente, una imagen: el escenario era el garaje de una casa con un portón, un jardín y la casa al fondo; ahí estaba una niña de aproximadamente 4 o 5 años, tomada de la mano de su papá observando cómo se iba su mamá con una maleta. En la misma escena, veo a otras dos niñas mayores que la primera; y unos pasos atrás, a una señora grande, con aspecto rígido, el cabello estirado hacia atrás y vestida de negro, quien ve la escena con mirada de desaprobación. Le pregunto al Arcángel Rafael qué significa esta escena y escucho dentro de mi cabeza: «El origen de la enfermedad».

Al contarle a Laura lo que estoy viendo, ella confirma la imagen. Su mamá los abandonó para irse con otro hombre. Su papá se quedó a cargo de ella y de sus hermanas; la abuela paterna, mujer muy rígida y dominante, fue quien las crio después de este incidente. Ella fue muy dura. Laura me comentó que, al irse su mamá, la abuela les dijo que se tenía que dar la vuelta a la página y no les permitió de ninguna manera volver a hablar de la madre ni de lo sucedido; por supuesto, también estaba prohibido llorar por ella. Es como si, de repente, la abuela hubiese querido borrar a la mamá de sus vidas y con esto, todo el dolor que las niñas pudieron haber sentido. Obviamente, tampoco hubo ningún tipo de acompañamiento en el duelo de las niñas por la partida de su mamá.

Laura me explicó que otra de sus hermanas tiene el mismo problema en el riñón, los doctores lo explican como una deformación genética, aunque no existe mucha información al respecto.

El Arcángel Rafael me lo explica de otra forma. El no permitir la expresión de sentimientos dolorosos e impedir el natural flujo de las lágrimas ante una pérdida, equivale a no eliminar los líquidos naturales y las toxinas en el cuerpo. La función del riñón es justo esa; al reprimir la natural expresión del duelo y de las lágrimas, el cuerpo lo traduce como una disfunción en el órgano.

El cuerpo habla lo que el corazón y el alma no están pudiendo expresar por la boca.

Definitivamente, la forma en que aprendemos en la infancia a lidiar con nuestros problemas es la forma que replicaremos a lo largo de nuestra vida, a menos que tomemos consciencia de eello. Laura replicó esta manera de enfrentar el dolor a lo largo de su vida; ante cualquier situación que implicara aflicción, simplemente daba la vuelta a la página y no volvía a hablar del tema.

El mensaje del Arcángel Rafael fue: es necesario sanar ese momento, regresar en el tiempo, traer a la niña de 4 años al presente, decirle que necesita vivir su dolor, vivir su duelo, llorar todo lo que necesite llorar; es necesario que la hoy adulta de 37 años acompañe a la niña de 4 en su duelo, le diga que está bien sentir, la abrace, la haga sentir confortada y amada. Esto no se logra en una sesión, es un proceso, si bien largo y doloroso, también hermoso; un proceso de ir hacia dentro, de recordar la historia, de profundizar en el amor propio, de aprender a estar en la vida de una manera diferente, de experimentar el dolor y expresarlo, de permitir el flujo de las lágrimas y de sanar.

El Arcángel Rafael dijo: «sana ese momento, sana el origen de la enfermedad, regresa a la niña de 4 años y permítele expresar su dolor, abrázala, hazle saber que estará bien y que es profundamente amada».

Sobre el trasplante, el Arcángel Rafael le pidió que trabajara resignificando la operación, no nada más iba a recibir un nuevo órgano que le ayudaría a que su cuerpo funcionara correctamente a liberar líquido y toxinas, sino que lo viera como un parteaguas, una nueva oportunidad de que su corazón aprendiera a liberar el dolor y las lágrimas. Por supuesto, el Arcángel Rafael le aseguró que estaría presente en la operación y que confiara en que todo estaría bien.

Introducción

Cuando surge una enfermedad, surgen también un sinnúmero de sentimientos, pensamientos, ideas, creencias y reacciones tanto en el enfermo mismo, como en la familia directa y las personas involucradas con el enfermo. El paciente y la familia pasan por diferentes fases como la negación de la enfermedad y, como ya dije, van hasta la búsqueda desesperada por una segunda, tercera y hasta cuarta opinión que les diga que el diagnóstico estaba equivocado. Una de las primeras preguntas que surgen es ¿por qué a mí? En algunos casos el paciente se siente totalmente despojado de su poder personal, ya sea por parte de los médicos o de su familia, y puede haber una reacción de victimización como «pobre de mí» que tengo esta enfermedad o de los otros como «pobrecito que le pasó esta situación» desde un lugar de lástima o pena por él.

Lo que los ángeles me han mostrado es que las enfermedades, al igual que todo lo que nos sucede en la vida, están aquí para ayudarnos a aprender algo y a desarrollar nuestro máximo potencial. Más adelante, en el desarrollo del libro, me detendré a hablar más profundamente sobre este concepto.

Viéndolo así, las enfermedades son maestras de vida que vienen a mostrarnos algo, ya sea un sentimiento, pensamiento o situación no resuelta en nosotros mismos; ya sea un elemento del entorno que está siendo dañino o tóxico, o un aprendizaje profundo de vida que quizá el alma misma pactó antes de venir a este plano.

Cuando vemos a las enfermedades desde esta nueva perspectiva que nos ofrecen los ángeles, nuestro acercamiento hacia ellas cambia. En lugar de ¿por qué a mí? La pregunta es ¿para qué a mí? En lugar de sentirse «vulnerable y despojado de poder», la persona toma responsabilidad de su propio proceso. En lugar de que el entorno vea al enfermo con lástima, lo verá como un guerrero que está librando su propia batalla y aprendiendo de ella.

Justo de esto se trata este libro, de entender que las enfermedades están aquí como aliadas y no como enemigas; entender que justo es, a través de los síntomas y las enfermedades, que nuestro cuerpo se convierte en nuestro maestro de vida que nos comunica, de manera clara y precisa, lo que el alma, el corazón y la mente necesitan. De aprender a leer la enfermedad y convertirla en el mensajero que nos va a dar esa información que seguramente cambiará nuestra vida para bien.

Cabe mencionar que, en este libro, busco expresar y compartir lo que los ángeles me han mostrado a través de los años que llevo de dar terapias, cursos y talleres. No busco comprobar nada, ni contradecir a la medicina tradicional, ni ir en contra de un orden establecido. Tampoco se busca dar recetas o remedios a las enfermedades o síntomas; es decir, por ningún motivo, la parte espiritual busca sustituir un tratamiento médico. El objetivo de este libro es ayudar a las personas a darle un sentido espiritual a la enfermedad, que lejos de alejarlos de aquello que haya sido indicado por los médicos, les ayudará a llevar el tratamiento de una mejor manera.

¿Qué vas a encontrar en este libro?

Empezaremos hablando del Arcángel Rafael: quién es, su historia, sus funciones y cómo se manifiesta en nuestras vidas.

En el capítulo 1, hablaremos de quiénes somos los seres humanos y cuál es nuestro propósito al encarnar en un cuerpo físico.

Haremos un recorrido por los cuatro cuerpos: físico, mental, emocional y espiritual y entenderemos cómo se interrelacionan. Y, desde el punto de vista espiritual, definiremos qué es la salud, y qué es la enfermedad.

En el capítulo 2, hablaremos de los factores que fomentan la enfermedad: condicionamiento, toxicidad, cuestiones emocionales no resueltas y enfermedades por contrato. Exploraremos cada uno de estos rubros poniendo como ejemplo diferentes situaciones de consultantes a los que he acompañado en terapia y situaciones que yo misma he vivido.

En el capítulo 3, hablaremos de cómo el síntoma expresa, a través de nuestro cuerpo físico, lo que nuestros cuerpos emocional, energético y mental nos están tratando de decir y no estamos queriendo escuchar; ubicaremos el síntoma del cuerpo físico dentro del cuerpo energético y observaremos su interrelación con el chakra correspondiente y los aspectos de la vida que rige. Entenderemos la forma en que nuestros órganos funcionan y cómo son un claro reflejo de cómo estamos actuando en la vida. Utilizaremos nuestra intuición para hablar con nuestros órganos, pediremos guía a los ángeles sobre el origen de la enfermedad.

En el capítulo 4, nos adentraremos al tema de la sanación, destacando la importancia de sanar holísticamente; haremos un recorrido por las diferentes doctrinas, técnicas y corrientes para sanar desde cada una de ellas, reconoceremos la angeloterapia como una técnica de sanación y haremos un ejercicio para sanar de la mano de nuestros ángeles.

En el capítulo 5, hablaremos de la enfermedad como maestra, reconociendo todo el aprendizaje que nos deja y agradeciendo las bendiciones escondidas que trae para nosotros.

Por último, en el capítulo 6, hablaremos de la pandemia y la reconoceremos como un despertador de consciencia masivo;

veremos cómo funciona la enfermedad a un nivel global y cómo una enfermedad masiva viene a sanarnos como humanidad.

Como siempre lo hago en mis libros, a través del recorrido pondré ejemplos, tanto míos, como de mis consultantes o alumnos, teniendo siempre el cuidado de cambiar los nombres y algunas circunstancias para cuidar la privacidad de los involucrados. También encontrarás mensajes canalizados de los arcángeles, así como meditaciones y ejercicios que podrás descargar desde mi página web para complementar tu lectura y poder realizar tu trabajo personal.

Espero, querido lector, que en estas páginas encuentres las respuestas, el consuelo, la esperanza, el sentido y la salud que estás buscando.

Gracias por permitirme acompañarte en tu proceso, espero que lo disfrutes.

Empecemos por hablar del Arcángel Rafael

Rafael es el Arcángel Médico, él, a través de su amorosa guía, nos invita a cuidar de nuestro cuerpo físico, a tener buenos hábitos que nos permitan vivir de manera saludable y plena. Cuando enfermamos, él nos lleva de vuelta a la salud, nos ayuda a sanar, mostrándonos el camino hacia los mejores tratamientos y médicos posibles; también nos ayuda a ser conscientes del origen de nuestra enfermedad y nos asiste en sanar aquello que la haya generado.

Su nombre significa «*Dios sana*», «*Dios ha sanado*», «*¡sana, Él!*» o «*medicina de Dios*». Es el sanador de los cuerpos físicos y las almas, guía de doctores, enfermeras, consejeros, sanadores, ecologistas y científicos.

Rafael es uno de los tres arcángeles mencionados por nombre en la Biblia.

En la Biblia, en el Libro de Tobías, capítulo 5 al 12, Tobit, quien se encontraba muy enfermo y prácticamente ciego, pide a su hijo que haga un viaje al poblado de Media para cobrar un dinero que Gabael le debía; al no conocer el camino, Tobías busca un acompañante y aparece el Arcángel Rafael y se presenta en forma humana como Azaría, hijo del gran Ananías. Durante el viaje se detienen en el río Tigris y el Arcángel Rafael ordena a Tobit que agarre un pez, del cual guarda la hiel, el corazón y el hígado. Al llegar a Media, se hospedaron en casa de Raguel, pariente de Tobit, quien a su vez era el padre de Sara. Al ver a Sara, Tobías se enamora perdidamente de ella y la pide en matrimonio, a lo que se le responde que Sara tiene una maldición que no le permite consumar el matrimonio, y que, en siete ocasiones anteriores, cuando Sara había intentado unirse a un hombre, el hombre fallecía inmediatamente. El Arcángel Rafael le da instrucciones a Tobías de ahumar el hígado y el corazón del pez para ahuyentar la maldición. Finalmente, Sara y Tobías se unen en matrimonio y regresan con Tobit. Al llegar le untan la hiel en los ojos y lo curan de la ceguera. Cuando Tobit quiso gratificar a Ananías por acompañar a su hijo, el ángel devela su verdadera identidad y se presenta ante ellos como el Arcángel Rafael, uno de los siete príncipes que pueden estar ante la presencia de Dios.

De acuerdo con lo que se menciona en algunos textos, se dice que fue el Arcángel Rafael quien le quitó el dolor a Abraham después de haber sido circuncidado ya siendo adulto, y quien sanó el muslo de Jacob después de su lucha contra un ángel. También se cree que fue uno de los 3 ángeles que visitaron a Abraham para informarle que su esposa Sarah quedaría encinta a los 90 años.

El Arcángel Rafael le enseñó a Noé sobre medicina y hay quienes afirman que inclusive le entregó el libro del *Sefer Raziel*, en el que encontraría todos los secretos del Universo y que debería llevar con él en el arca.

Le entregó al Rey Salomón, como respuesta a una plegaria, un anillo con un pentagrama escrito para que pudiera combatir a los demonios que no le permitían terminar con la construcción de su templo.

En el arte, se le representa como un viajero cargando un pez y, a menudo, se le asocia con la imagen de una serpiente. En la literatura es mencionado en «El paraíso perdido» de John Milton y en el arte fue pintado por Rafael, Botticelli, Titian, Claude Lorrain y Rembrandt, entre otros.

La función principal del Arcángel Rafael es ayudarnos a preservar la salud y lo logra de diferentes maneras:

- Nos ayuda y nos guía a tener mejores hábitos, a alimentarnos sanamente, a hacer ejercicio, a tener buena higiene, a dormir bien, etc.
- Nos muestra qué está necesitando nuestro cuerpo en determinadas circunstancias y el camino para satisfacer esa necesidad.
- Cuando enfermamos, nos muestra el origen de la enfermedad y nos ayuda a sanarla; nos acerca a los tratamientos y médicos adecuados para recuperar la salud y acelera los procesos de sanación.
- En algunos casos, efectúa sanaciones milagrosas.
- Es guía de médicos y enfermeras, de sanadores y de todas aquellas personas que laboran en el campo de la salud.
- Sirve como guía e inspiración para científicos que constantemente están innovando nuevas tecnologías para preservar la salud.
- Ayuda a aquellos que tienen como misión de vida el ser sanadores. El Arcángel Rafael puede abrir caminos, facilitar recursos y acompañar tanto en el estudio, como en la práctica.

Al Arcángel Rafael se le atribuyen otras funciones basadas en la historia de Tobías: es el arcángel de los viajeros. Al igual que lo hizo con Tobías, nos asiste en la planeación, la obtención de recursos y nos acompaña en nuestras travesías, cuidando de nosotros, de nuestras pertenencias o equipaje, sirviendo a veces como guía, llevándonos a lugares maravillosos y trayéndonos nuevamente de regreso a casa, sanos y salvos.

También, al igual que lo hizo con Sara y Tobías, ayuda a sanar matrimonios, ahuyentando a los demonios que amenazan con terminar la unión, como son el tedio, el fastidio, la monotonía, la rutina, la falta de comunicación, las infidelidades, las faltas de respeto, etc.

La energía del Arcángel Rafael se siente muy firme y a la vez amorosa, casi paternal; el color de su aura es verde esmeralda y a veces se manifiesta como una ligera brisa en la cara.

El Arcángel Rafael, al igual que todos los demás arcángeles, siempre está disponible para todo aquel que requiera su ayuda. Si quieres recibir su divina asistencia, solo necesitas cerrar los ojos y hablarle desde tu corazón. Él estará junto a ti para ayudarte en lo que le solicites.

EJERCICIO N.º 1: ENCUENTRO CON EL ARCÁNGEL RAFAEL

Para realizar los ejercicios contenidos en este libro, te invito a copiar y hacer click en este link:

https://angelesentuvida.angelicabovino.mx/medicina-espiritual-meditaciones

O puedes acceder por medio de este QR:

1

SALUD VS ENFERMEDAD

¿QUIÉN ES EL SER HUMANO?

Somos seres espirituales viviendo una experiencia humana. Seguramente has escuchado o leído esta frase miles de veces. La escribo y hasta me suena a «cliché». Pero, ¿qué significa en realidad? Significa que, antes de ser cuerpo físico, somos almas, somos seres de luz, somos espíritu, que hoy, por alguna razón, estamos encarnados en cuerpos, viviendo esta experiencia de humanidad.

Los ángeles me han mostrado que hemos estado aquí de muchas maneras y muchas formas, es decir, hemos vivido muchas vidas y muchos cuerpos. Seguramente hemos sido hombres, mujeres, altos, chaparros, gordos y flacos. Seguramente hemos vivido y hemos muerto de muchas maneras posibles.

He de confesar que tengo una loca fascinación por el estudio de vidas pasadas, he tenido la fortuna de tomar cursos, leer libros y he hecho algunas terapias de regresión, a través de las cuales he descubierto que viví en Pompeya, en un Castillo en Europa (no sé exactamente en dónde), creo que fui Hippie (y reencarné de manera inmediata) y fui enfermera, me parece que en la 1ª. Guerra Mundial. En cuanto a mis

muertes, en mis regresiones, me he visto morir en la hogue-
ra, decapitada, en una sobredosis de droga y en una cama
rodeada de las personas que me quieren. Es decir, he tenido
de todo un poco y seguramente hay mucho más de lo que he
llevado a la consciencia.

Si todo esto es real, ¿para qué reencarnamos? ¿Por qué nuestra
alma desearía venir a la tierra? ¿Por qué no quedarnos en nuestro
Hogar cerca de Dios, donde todo es perfecto, donde solo se respira amor Divino, paz y tranquilidad, donde nuestras almas coexis-
ten en perfecta comunión con Él? Los ángeles me han mostrado
que regresamos para dos cosas: una, para experimentar el amor en
todas sus facetas, es decir, desde el desamor, hasta el amor incondicional. Y dos, para seguir evolucionando como almas. Esta evolución se va a dar a través de aprendizajes profundos que la misma
vida nos irá otorgando.

Los ángeles dirían que vinimos a aprender y a enseñar. Estamos
aquí para tener una lección sublime que nos será dada a partir de
las experiencias vividas: las buenas y las malas; que ahí donde está
nuestro más profundo dolor, ahí donde están nuestras heridas más
agudas es donde está el conocimiento, la instrucción, y es justo ahí,
en este aprendizaje sublime, donde encontramos nuestra misión de
vida.

De tal manera que los ángeles nos muestran que fue justo ahí,
en esos momentos de profundo dolor, donde desarrollamos los dones y talentos que más tarde se convertirán en nuestra misión de
vida. Y tu famosa misión de vida no es otra que ayudar a aquellos
que se encuentran en la misma situación en la que tú estuviste. Esto
me lo han mostrado los ángeles como una gran escalera en la cual
estamos todos y la vamos subiendo, cada uno a un tiempo y ritmo
diferente. Una vez que subimos un escalón, nos toca voltearnos con

los que vienen inmediatamente detrás de nosotros y mostrarles el camino para ayudarles a que ellos también lo suban.

Vuelvo a la pregunta ¿para qué reencarnamos?

Los ángeles, con su gran sentido del humor, en algún momento me mostraron una escena que me hace reír mucho. Me imaginé a un alma discutiendo su contrato de vida con otra alma justo en el momento en que decide regresar a la tierra a tener una nueva experiencia.

> *La segunda alma diciéndole: «¿Para qué vas? Ahí (en la Tierra) hacen bullying, hay guerras, sufrimiento, dolor... Es mejor que no vayas...».*
>
> *Mientras el alma aguerrida, que desea regresar, le dice: «Mhh, sí, pero tengo que evolucionar, tengo mucho que aprender, mucho que compartir... además, en la Tierra la comida y el vino son deliciosos... ¡Y no se diga nada del sexo!, de tener sensaciones corporales, de vivir las emociones...».*

Bueno, como sea, y por las razones que sean, regresamos; y lo hicimos para tener esta maravillosa experiencia humana, para encarnar en un cuerpo físico que nos sirve como vehículo para transitar por esta hermosa vida, con todo lo que conlleva estar encarnado, con todo lo que conlleva ser humano, con todo lo que conlleva tener este cuerpo físico, aun a veces con sufrimiento, dolor, una enfermedad o limitación.

Entonces, somos almas en proceso, almas en evolución, almas experimentándose para obtener nuevos aprendizajes; somos almas encarnadas y eso nos vuelve seres humanos.

Me he topado en el camino espiritual con personas que se olvidan de su humanidad al estar en contacto con su alma y su ser superior, se olvidan de que también son seres humanos. Que al estar aquí y ahora, tienen necesidades que reconocer, honrar y satisfacer. Esto también es parte del proceso de vida.

Somos almas que vinimos a este planeta a seguir aprendiendo y, mientras estemos en este tiempo/espacio/cuerpo, seguimos viviendo situaciones, retos y circunstancias que nos llevarán a vivir ese aprendizaje. El día que ya no tengas nada que aprender, no tendrá sentido que sigas aquí. Así es que, si en el camino espiritual te encuentras un gurú que te dice que ya tiene toda su vida resuelta y todas sus heridas sanadas, ¡no le creas! Mientras sigamos en este tiempo/espacio, seguimos siendo alumnos de la vida y seguimos aprendiendo de ella.

ENTENDIENDO LOS DIFERENTES CUERPOS Y SU INTERRELACIÓN

Para poder vivir esta maravillosa experiencia humana nos fueron otorgadas ciertas condiciones, la primera fue conservar nuestro espíritu, se nos concedió un cuerpo físico, el poder sentir y pensar. Estas cuatro condiciones forman lo que llamaremos nuestros cuatro cuerpos: físico, espiritual, emocional y mental.

CUERPO FÍSICO

El cuerpo físico es el vehículo que utilizaremos para transitar por esta vida, es el que facilitará que vivamos esta experiencia humana y, del trato que le demos, del cuidado que pongamos en él, dependerá gran parte de la calidad de vida que tengamos. Es decir, de qué tanto nos responsabilicemos de él y lo cuidemos, dependerá gran parte de nuestra experiencia en esta Tierra.

El cuerpo humano es un organismo muy complejo diseñado para llevar a cabo todas las funciones necesarias para la vida y la supervivencia, está compuesto por billones de células que interactúan y se agrupan para formar órganos y sistemas que permiten que funcione de manera perfecta como la maquinaria de un reloj.

Los sistemas y órganos necesarios para permitir la supervivencia del organismo son: El sistema **circulatorio** que es el encargado de bombear la sangre; el sistema **digestivo** que es el encargado de convertir los alimentos en nutrientes y desechar los residuos; el sistema **endocrino** que se centra en funciones hormonales; el sistema **inmunológico** que se encarga de combatir las infecciones; el sistema **linfático** que se encarga de transportar y crear la linfa; el sistema **nervioso** ocupado de transportar la información que generará los movimientos voluntarios e involuntarios; el sistema **muscular** responsable de mover y dar soporte a nuestro cuerpo; el sistema **reproductivo** a cargo de perpetuar la especie; el sistema **esquelético** quien da soporte y almacena el calcio necesario; el sistema **respiratorio** que es el encargado de permitir la entrada del oxígeno a nuestro cuerpo; el sistema **urinario** responsable de eliminar los residuos acumulados; el sistema **tegumentario** quien protege nuestro cuerpo contra las bacterias externas.

Los órganos más vitales del organismo son: el **cerebro**, centro de todas las funciones; el **corazón**, encargado de bombear la sangre; los **pulmones**, encargados de la respiración; el **hígado**, encargado de depurar los alimentos y los **riñones**, encargados de eliminar los residuos.

TU CUERPO ES TU TEMPLO

Debes respetar tu cuerpo, amarlo, es parte de ti ¿no es cierto? Últimamente, te hemos visto muy enfocada al crecimiento de tu alma, de tu espíritu y, sin embargo, has descuidado tu cuerpo físico. Te has olvidado de la importancia que tiene el cuidado del templo en la adoración al Señor. Tu templo es tu cuerpo. Tienes que cuidarlo. ¿Qué es cuidarlo? ¿Respetarlo? Es buscar su bien, no sobreexponerlo, descansar, alimentarlo sanamente, por supuesto, estar libre de adicciones y hacer ejercicio; pero, sobre todo, no saturarte con una actividad tras otra, respirar. Cuando respiras ingresas a tu cuerpo luz, aire y energía. Acuérdate de respirar profundamente varias veces durante el día y cuida tu cuerpo.

Te amamos y te acompañamos hoy y siempre,

Arcángel Rafael

EJERCICIO N.º 2: RECONOCIENDO Y AMANDO TU CUERPO FÍSICO

Para realizar los ejercicios contenidos en este libro, te invito a copiar y hacer click en este link:

https://angelesentuvida.angelicabovino.mx/medicina-espiritual-meditaciones

O puedes acceder por medio de este QR:

CUERPO ESPIRITUAL

El cuerpo espiritual o energético es nuestro cuerpo de luz; el que trasciende cuando muere el cuerpo físico; el que viaja de un lugar a otro sin necesitar del cuerpo físico (lo que es posible aun estando en vida —a través de los viajes astrales–); el que decidió encarnar para vivir una experiencia humana.

Con este cuerpo nos relacionamos con los ángeles, los percibimos, y es la forma en que ellos también nos ven. El cuerpo energético es nuestro cuerpo de luz, aquí está contenida nuestra alma. Es un cuerpo etéreo, imperceptible desde la inconsciencia, pero cuando nos volvemos conscientes de él, nos damos cuenta de que es tan importante o más que el cuerpo físico.

¿Cómo se compone el cuerpo energético?

Nuestro cuerpo energético está compuesto de diversos elementos, los más importantes son el aura y los chakras. Sin embargo, para entender la relación de las enfermedades con el cuerpo energético, tenemos que ir más allá y hablar de nuestros chakras secundarios, los meridianos o Nadis y la energía Kundalini.

Chakras: La palabra chakra significa rueda en sánscrito. Los chakras son ruedas de energía que giran en el sentido de las manecillas del reloj. Tenemos chakras en todo nuestro cuerpo, sin embargo, los más importantes son siete y están alineados a lo largo de nuestra columna vertebral y la cabeza.

En la siguiente gráfica se muestran los chakras principales, sus nombres en sánscrito y español, sus colores y los aspectos de la vida a los que corresponde cada uno.

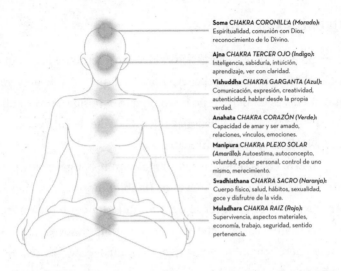

Soma *CHAKRA CORONILLA (Morado):* Espiritualidad, comunión con Dios, reconocimiento de lo Divino.

Ajna *CHAKRA TERCER OJO (Índigo):* Inteligencia, sabiduría, intuición, aprendizaje, ver con claridad.

Vishuddha *CHAKRA GARGANTA (Azul):* Comunicación, expresión, creatividad, autenticidad, hablar desde la propia verdad.

Anahata *CHAKRA CORAZÓN (Verde):* Capacidad de amar y ser amado, relaciones, vínculos, emociones.

Manipura *CHAKRA PLEXO SOLAR (Amarillo):* Autoestima, autoconcepto, voluntad, poder personal, control de uno mismo, merecimiento.

Svadhisthana *CHAKRA SACRO (Naranja):* Cuerpo físico, salud, hábitos, sexualidad, goce y disfrute de la vida.

Muladhara *CHAKRA RAIZ (Rojo):* Supervivencia, aspectos materiales, economía, trabajo, seguridad, sentido pertenencia.

Además de los chakras primarios, existen 21 chakras secundarios que también son centros de energía en todo nuestro cuerpo, cada uno con una función específica.

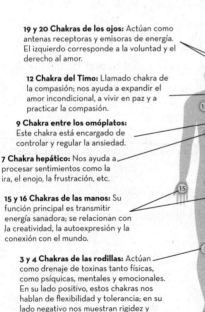

19 y 20 Chakras de los ojos: Actúan como antenas receptoras y emisoras de energía. El izquierdo corresponde a la voluntad y el derecho al amor.

12 Chakra del Timo: Llamado chakra de la compasión; nos ayuda a expandir el amor incondicional, a vivir en paz y a practicar la compasión.

9 Chakra entre los omóplatos: Este chakra está encargado de controlar y regular la ansiedad.

7 Chakra hepático: Nos ayuda a procesar sentimientos como la ira, el enojo, la frustración, etc.

15 y 16 Chakras de las manos: Su función principal es transmitir energía sanadora; se relacionan con la creatividad, la autoexpresión y la conexión con el mundo.

3 y 4 Chakras de las rodillas: Actúan como drenaje de toxinas tanto físicas, como psíquicas, mentales y emocionales. En su lado positivo, estos chakras nos hablan de flexibilidad y tolerancia; en su lado negativo nos muestran rigidez y obstinación.

21 Chakra altar mayor: Es un centro de consciencia. Nos ayuda a actuar de una manera pura y auténtica.

17 y 18 Chakras de las articulaciones tempo mandibulares: Representan los procesos de instinto y libre albedrío.

13 y 14 Chakras de los pulmones: Representan nuestra voluntad de vivir y la forma en la que llevamos a cabo nuestra vida.

10 y 11 Chakras del bazo (anterior y posterior): Son los encargados de recibir la energía ki (fuerza vital) y distribuirla por todo el cuerpo.

8 Chakra subesternal: Es un punto reflejo del corazón, su función es regular la energía que sale del chakra del corazón.

5 y 6 Chakras de las gónadas: Se ubican en los genitales y se relaciona con la producción de hormonas. También representan el vínculo que tuvimos en la infancia con nuestro padre y madre.

1 y 2 Chakras de los pies: Son el nexo entre el cuerpo y la Tierra. Su correcto funcionamiento se traduce en seguridad personal, la capacidad de dar pasos firmes y la claridad en los objetivos o metas.

La función principal de los chakras es dar energía vital a nuestro cuerpo físico, así como ayudarnos a integrarlo con nuestra mente y nuestras emociones.

Los chakras además de tener diversas funciones y colores, vibran en frecuencias diferentes y cada chakra rige diferentes aspectos de nuestra vida.

Los chakras irradian y reciben energía constantemente. Cuando tenemos pensamientos, sentimientos o hábitos negativos, los chakras cambian de forma, de color y en ocasiones se bloquean; dejan de girar, afectando con esto nuestras emociones, nuestros pensamientos y nuestro cuerpo físico; dejándonos fuera de balance y en ocasiones hasta enfermos.

Cuando prestamos atención a nuestros centros energéticos y procuramos tenerlos balanceados y alineados, la energía fluye mejor y nos favorece, permitiéndonos vivir en mayor armonía y paz.

Aura: El aura, por su parte, es como si fuera una especie de «bolsa» de energía en la que está contenido nuestro cuerpo físico; sus características van a variar de acuerdo con nuestra vibración, que a su vez está determinada por nuestros pensamientos y sentimientos.

La actividad del aura también tiene una connotación; la manera en que el aura vibre es qué tan viva se siente esta persona o qué tan en «automático» está viviendo. Con respecto a su tamaño, un aura expandida nos denota una persona espiritual, amorosa y fuerte, mientras que, un aura contraída, nos muestra a una persona insegura, con miedo.

El aura está dividida en diferentes cuerpos o bandas que regulan nuestros pensamientos, emociones, actividad espiritual y física. Según la sanadora, terapeuta, escritora y científica norteamericana, Bárbara Brennan, los cuerpos áuricos son:

- Cuerpo físico: Es el de frecuencia más baja, regula el cuerpo humano.

- Cuerpo etérico: Es la base para la estructura que sostiene al cuerpo físico. (Existe otro cuerpo etérico para el alma).

- Cuerpo emocional: Regula el estado emocional del organismo.

- Cuerpo mental: Procesa las ideas, pensamientos y creencias.

- Cuerpo astral: Es un nexo entre el cuerpo físico y espiritual. Está libre de tiempo y espacio.

- Cuerpo etérico: Existe solo en el plano espiritual y contiene los conceptos más elevados sobre la existencia. (Este es el que sostiene al alma).

- Cuerpo celestial: Es la puerta de acceso a la energía Universal y sirve de base para los cuerpos etéricos.

- Cuerpo casual: Es el que dirige los más bajos niveles de existencia.

Los colores del aura nos hablan de la frecuencia en que la persona está vibrando, dicha frecuencia estará, a su vez, determinada por las emociones, creencias y hábitos de la persona. Los colores vívidos y brillantes nos hablan de una frecuencia alta, de bienestar, de estar en contacto con la vida, de alegría, amor y felicidad; mientras que los colores oscuros, de baja frecuencia, nos hablan de tristeza, enojo, miedo, depresión, angustia e infelicidad. Es importante recalcar que el color del aura no es estático, varía de acuerdo con la forma en que se está sintiendo la persona y lo que está viviendo en ese momento. Una persona puede tener un aura rosa porque en ese momento está vibrando en amor y si se enoja por alguna razón, su aura podría convertirse total o parcialmente a rojo oscuro o negro.

A continuación, enlisto algunos colores del aura y sus posibles significados:

- Rojo: problemas de dinero, obsesiones, ira, falta de perdón, ansiedad y nerviosismo.
- Rosa: gozo, amor, compasión, relación romántica, clariaudiencia.
- Fucsia: energía sexual.
- Naranja: cambios, creatividad.
- Amarillo: optimismo, esperanza, alegría.
- Verde: salud, ser sanador o estar sanando.
- Azul: expresión, honestidad, ser maestro, persona de espiritualidad elevada.
- Morado: en sintonía con el mundo espiritual, intuitivo.
- Blanco: pureza y verdad.
- Plata: embarazo o nuevos proyectos.
- Gris oscuro: depresión, adicciones, envidia, frustración.
- Negro: falta de perdón, bloqueos (se ven en algunas áreas del cuerpo energético).

Meridianos o nadis: Dentro del cuerpo humano existe un sistema energético con canales que funcionan como ríos de energía o luz y tienen la función de llevar dicha energía a todo nuestro cuerpo físico y energético.

Desde la cultura China, estos canales se llaman meridianos, fueron descubiertos hace más de 5,000 años y son la base de la medicina china tradicional, a través de la cual se busca que el Chi o Qi (energía) fluya libre de bloqueos por todo el cuerpo físico.

Los meridianos transportan energías químicas, eléctricas y etéricas. Cuando una persona enferma es porque existe un desbalance o bloqueo energético en su cuerpo; por ende, la sanación consiste en restaurar este balance.

Existen 12 meridianos mayores que forman una red de energía o distribución del chi, controlan todas las funciones corporales y conectan todas las partes del cuerpo. Estos corren en la superficie de nuestro cuerpo.

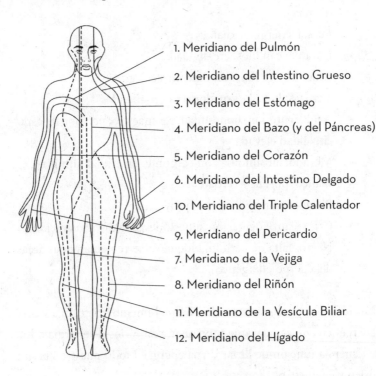

1. Meridiano del Pulmón

2. Meridiano del Intestino Grueso

3. Meridiano del Estómago

4. Meridiano del Bazo (y del Páncreas)

5. Meridiano del Corazón

6. Meridiano del Intestino Delgado

10. Meridiano del Triple Calentador

9. Meridiano del Pericardio

7. Meridiano de la Vejiga

8. Meridiano del Riñón

11. Meridiano de la Vesícula Biliar

12. Meridiano del Hígado

En la tradición hindú, a estos canales se les llama nadis y son canales del cuerpo sutil a través de los cuales fluye la energía vital. Se cree que existen numerosos nadis en el cuerpo humano, aunque se destacan tres principales: Ida, Pingala y Sushumna.

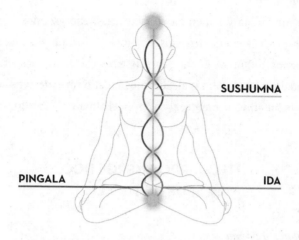

- Ida: Nadi lunar. Está asociado con el sistema nervioso parasimpático. Su función principal es traer energía calmante y relajante al cuerpo y a la mente; ayuda a inducir la relajación, la calma y la receptividad.
- Pingala: Nadi solar. Está asociado con el sistema nervioso simpático. Trae energía activadora y estimulante al cuerpo y a la mente; aumenta la vitalidad, la energía y la alerta.
- Sushumna: Nadi central. Es el canal principal para la energía Kundalini. Permite el flujo equilibrado de energía a lo largo de la columna vertebral.

Energía kundalini: Desde la tradición hindú la leyenda de la kundalini narra la historia de los dioses Shiva y Shakti, que se encuentran dormidos dentro de cada uno de nosotros, y representan la energía masculina y femenina y la forma en que estas dos energías interactúan.

La kundalini se representa como dos serpientes de energía que reposan en nuestro chakra raíz, cuando despiertan, emprenden un viaje en forma de espirales ascendentes que se van entrelazando a lo largo de la columna vertebral. Estas serpientes representan nuestra fuerza masculina y femenina. Al activarlas, energizamos nuestros cuerpos físico y energético, nos llenamos de luz, de vitalidad y garantizamos el flujo de energía en nuestro ser. Cuando despertamos la kundalini, no nada más alcanzamos un alto nivel de consciencia, sino que sanamos la mente, el corazón, el alma y el espíritu.

TU CUERPO ENERGÉTICO, LA SEDE DE TU ALMA

Amada niña mía:

Es importante que conozcas y cuides también de tu cuerpo energético, en él están albergadas tus emociones, tus memorias, tus creencias, tu vibración y tu capacidad de conectarte contigo misma, con Dios y con el mundo que te rodea. Es ahí donde reside tu alma.

Cuando nosotros los ángeles te vemos, lo único que vemos es tu luz, tus colores brillantes y tu vibración, vemos el centro de tu chakra corazón y todos los rayos de colores que de él emanan, que, traducido a nuestro idioma universal, no es otra cosa que tu hermosa capacidad de amar.

A través de este cuerpo energético te comunicas con nosotros, con Dios y con el Universo. Es a través de las vibraciones que transmites que sabemos cómo estás, lo que anhelas, lo que sueñas, lo que te preocupa y lo que te genera miedo.

Cuando tú eres consciente de tu cuerpo energético, cuando cuidas de él, a través de cuidar tus emociones, sentimientos, pensamientos, palabras y hábitos, cuando buscas nutrir tu alma a través de agregar aspectos positivos a tu vida, vibras más alto, tu aura se expande, tus chakras se ven más luminosos y la luz de tu corazón crece; si pudieras verte con nuestros ojos, te sorprenderías de lo hermosa que te ves. Por el contrario, cuando permites que el miedo y la negatividad se apoderen de ti, vibras más bajo, tus colores se opacan, tu aura se contrae y la luz de tu corazón se apaga. Cuando te vemos así, sabemos que nos necesitas aún más cerca y te acompañamos y abrazamos, aunque estamos conscientes que es cuando menos puedes sentir nuestra presencia.

Mi niña, queremos que sepas que entre más alto vibres, más hermosa será tu realidad, más en contacto podrás estar con nosotros, los ángeles y con Dios, pero, sobre todo, más en contacto estarás con la Luz Divina que ya existe en ti. Cuando accedes a tu luz, cuando entras en contacto con ella, estás conectando con TU PROPIA DIVINIDAD, es ahí donde te vuelves creador de tu vida, donde te descubres ilimitado y donde entiendes quién eres en realidad.

Déjanos acompañarte en este hermoso recorrido de descubrir quién eres y para qué estás en este tiempo/espacio, déjanos ayudarte a encender toda esa luz que ya habita dentro de ti y, al hacerlo, permítenos guiarte a tu potencialidad más alta.

Te amamos y acompañamos siempre,

Arcángel Gabriel

EJERCICIO N.º 3: UN VIAJE POR TU CUERPO ESPIRITUAL

Para realizar los ejercicios contenidos en este libro, te invito a copiar y hacer click en este link:

https://angelesentuvida.angelicabovino.mx/medicina-espiritual-meditaciones

O puedes acceder por medio de este QR:

CUERPO EMOCIONAL

Cuando hablamos del cuerpo emocional, estamos hablando de nuestro corazón y de los sentimientos y emociones que albergamos en él. Los seres humanos somos emocionales por naturaleza y somos capaces de sentir desde que estamos en el vientre materno.

Las emociones son una respuesta que damos a las situaciones del entorno (la otra respuesta es mental). A través de nuestras emociones podemos determinar quiénes somos, lo que nos gusta y no; y si las usamos sabiamente, nuestras emociones podrían ser la brújula de nuestro ser e indicarnos el camino para llegar a la plenitud. Son como una especie de termómetro que nos muestra claramente dónde sí queremos estar y hacia dónde nos queremos dirigir.

La emoción se presenta a través de sensaciones, cambios orgánicos y fisiológicos, que surgen de manera innata y que están totalmente fuera del control de nuestra mente. Cuántas veces has deseado no sonrojarte, no llorar o no sentir que el pecho te explota cuando sientes rabia… ¡Y no lo puedes controlar! Pareciera que tu cuerpo no obedece a la mente, y la emoción simplemente surge, dejando en evidencia lo que sea que está sucediendo en tu corazón. La emoción se presenta entonces de manera súbita e inesperada, su intensidad varía de acuerdo con la situación que se presente y al impacto que esta tenga en nosotros, muchas veces determinada por nuestra propia historia, creencias, expectativas, etc.

Cuando te permites sentirlas libremente, las emociones son pasajeras, es decir, su duración es relativamente corta; aun cuando el sentimiento prevalece, los momentos en que sientes la emoción son cortos. Es como si estuvieras en un duelo y sintieras una profunda tristeza por la pérdida de alguien significativo para ti; si te permites realmente vivirlo, los momentos en que entrarás en esa profunda tristeza, en que llorarás desconsolado, no durarán más que unos cuantos minutos, seguidos por momentos de aparente calma y tranquilidad. Quizá al principio del duelo serán muchos episodios de llanto, pero al pasar de los días y las semanas irán disminuyendo poco a poco y, al cabo del tiempo, la tristeza puede prevalecer, pero ya no se sentirá esa emoción desbordada del principio. Lo mismo pasa cuando nos enamoramos, quizá al principio el sentir mariposas en el estómago o el pecho acelerado sea muy frecuente, sin embargo, al paso del tiempo, aunque el amor prevalezca, quizá estas emociones ya no se sientan con tanta intensidad.

Los problemas empiezan cuando buscamos reprimir o controlar nuestras emociones, cuando no nos damos ese espacio para vivirlas libremente y no nos permitimos explorarlas. Es como si quisiéramos esconder un monstruo en el armario que, ante nuestra resistencia, hará todo lo posible por hacernos saber que está ahí y que necesita expresarse. Es justo ahí cuando nos quedamos enganchados en la ira, la tristeza, el enojo, el miedo, etc.

Los ángeles me han hecho saber que siempre que se presente una emoción lo mejor que podemos hacer es darle la bienvenida, experimentarla y, al hacerlo, escucharla, preguntarle ¿qué me vienes a enseñar? ¿Qué necesidad albergas detrás?, procesarla, es decir, satisfacer la necesidad y abrir los brazos para dejarla ir.

En una clase del Diplomado de Arcángeles que imparto, mis alumnos y yo recibimos una instrucción precisa de parte del Arcángel Jeremiel sobre qué debemos de hacer con las emociones. Nos dio las siglas E.R.A. (no entendimos muy bien por qué nos la dio en inglés) pero logramos descifrar su significado.

EMBRACE (Abrazar): Abraza tu emoción, no la reprimas, dale la bienvenida, sea cual sea.

RETREAT (Retírate): Déjate sentirla, vívela con todo lo que conlleve; si tienes que llorar, hazlo; si estás enojado, permítete sentirlo, si necesitas reír a carcajadas, ríete. Date un tiempo a solas con tu emoción, indaga cuál es la necesidad que está detrás de ella, qué te viene a mostrar, cómo esta emoción también es maestra en tu vida.

ACT (Actúa): Una vez que hayas hecho las paces con tu emoción, actúa de acuerdo a lo que corresponda, exprésala, pon los límites necesarios, toma distancia de las personas o las situaciones que te hacen daño, date un tiempo para ti, comparte lo que necesites compartir, etc.

ABRAZA A TUS EMOCIONES PARA SANARLAS

Amada mía:

¡Nunca reprimas tus emociones! Debes de saber que tus emociones, todas, son parte de tu humanidad y están aquí como una brújula que te permitirá encontrar el camino hacia tu propia plenitud.

A veces las emociones simplemente te muestran el camino a casa, ahí donde tu corazón salta y brinca de felicidad, esa es la senda que deberás seguir. Cuando sientas disgusto, enojo o miedo, detente y pregúntate ¿qué me está mostrando esta emoción?, ¿de qué me tengo que proteger?, ¿qué límites tengo que poner?, ¿es este realmente el camino que quiero andar?

Las emociones son una manera de comunicarte contigo mismo; si aprendes a escucharlas, aunque a veces sean difíciles de sostener, tu vida se tornará más fácil, el camino se esclarecerá y te será más sencillo llegar a la plenitud.

Cada vez que aparezca una emoción en tu corazón, abrázala y, al hacerlo, abrázate a ti mismo. Pregúntate ¿qué estoy necesitando?, ¿cómo puedo sobrellevar mejor esta situación que estoy enfrentando? Y date aquello que requieras en el momento. Quizás necesites expresar tu emoción, llorar, reír a carcajadas, poner límites sanos a una situación o persona; o a lo mejor, solo necesitas respirar profundo y estar presente en la emoción.

Nosotros, los ángeles, te estaremos acompañando en la experimentación de cada una de tus emociones, siempre desde un lugar compasivo y amoroso, ayudándote a tomar acción sobre cada una de ellas.

Te amamos siempre,

Arcángel Jeremiel

EJERCICIO N.º 4: EXPLORANDO TU CUERPO EMOCIONAL

Para realizar los ejercicios contenidos en este libro, te invito a copiar y hacer click en este link:

https://angelesentuvida.angelicabovino.mx/medicina-espiritual-meditaciones

O puedes acceder por medio de este QR:

CUERPO MENTAL

En el cuerpo mental se crean los pensamientos. El pensamiento nace como una función superior del cerebro, es una actividad especializada de un grupo de neuronas localizadas en el lóbulo frontal de la masa encefálica.

Como definición, el pensamiento es la aparición de una serie de ideas que se generan para resolver una tarea o un problema. El entorno da un estímulo, el cerebro analiza y da una respuesta en forma de pensamiento o acción. Por ejemplo: estando ante un semáforo, cambia la luz de roja a verde y yo cambio el pie del freno al acelerador. El cambio al color verde del semáforo es el estímulo que da el entorno; este estímulo se integra en el lóbulo frontal y surgen una serie de ideas cuyo resultado hace que el cuerpo reaccione cambiando el pie del freno al acelerador. Estas reacciones pueden darse desde un plano consciente o inconsciente.

La teoría se escucha muy simple, estimulo-respuesta-acción. Sin embargo, cuando hablamos de nuestro cuerpo mental, estamos hablando de procesos mucho más complejos. Debería de ser tan concreto como si escucho la palabra mesa, viniera a mi mente una imagen de un tablón con cuatro patas. Sin embargo, nuestro pensamiento complejo no se conforma con eso, quizá al pensar en la mesa, se derivará una cascada de pensamientos abstractos que pueden ir desde los posibles tipos de mesa que existen, los materiales con los que se pueden construir, hasta los objetos que dejé sobre la mesa o la mesa de la cocina que está «coja» y que tengo que arreglar.

El autor norteamericano Michael Singer, en su libro «La liberación del alma»[1] habla del pensamiento como si fuera un compañero incómodo al que tenemos que escuchar todo el día y quien tiene una opinión sobre todo lo que sucede, llevándonos de un pensamiento a otro sin cesar. También nos muestra cómo una imagen nos puede desencadenar una serie de recuerdos, pensamientos, sentimientos y hasta reacciones al entorno, que, en muchas ocasiones, en este proceso de pensamiento abstracto, no tendrían nada que ver con el estímulo inicial.

El ejemplo que pone Singer en su libro es muy claro, él habla de un coche azul y nos dice que imaginemos que ese coche se parece al coche de una expareja, por lo que cada vez que veas un coche así, pensarás en esa persona y a lo mejor te desencadena una serie de sentimientos que no has terminado de solucionar con esa persona en particular.

Para mí, un ejemplo muy claro de esto es un paso a desnivel por el que tengo que transitar todos los días para llegar a mi casa; hace muchos años, un día cuando iba a la escuela preparatoria, al pasar por ahí había aceite tirado en el camino, mi coche derrapó, giré varias veces y terminé chocando contra el camellón. Ya pasaron más de 30 años de ese

---

1. Singer, M. A. (2014). *La liberación del alma*. GAIA.

incidente, sin embargo, cada vez que paso por este lugar, y
es prácticamente diario, al llegar, bajo la velocidad y me
acuerdo de ese momento.

La mente es todavía más compleja que esto, ya que tenemos los pensamientos conscientes y los inconscientes.

Nuestra mente es como un iceberg del cual salta a la luz solamente una pequeña parte que es la consciencia, es decir, aquella parte de nosotros que conocemos o que podemos ver con claridad, normalmente es la parte de nuestra historia que nos gusta, con la que nos sentimos cómodos y que nos da la certeza de cómo vamos a reaccionar ante ciertos impulsos del entorno, qué respuesta va a surgir en nosotros ante ciertas situaciones, etc. Aquí el pensamiento es claro y puedo ver con transparencia quién soy yo ante el entorno.

Debajo de la superficie queda escondida la mente inconsciente (subconsciente e inconsciente). Esta es la parte que no podemos ver con facilidad, aquí almacenamos recuerdos, sentimientos, traumas del pasado e información que quizá en algún momento «olvidamos» o elegimos olvidar (y esto sucede cuando le damos «carpetazo» a nuestros asuntos sin haberlos procesado o sanado). Para acceder a pequeños fragmentos de nuestra mente subconsciente a veces solo basta con tener la voluntad de recordar, hacer un acto de concentración o meditación, pero la mayoría de las veces requerimos mucho más que esto, necesitamos convertirnos en observadores de nosotros mismos, en testigos de nuestra realidad para que, a través de nuestras propias acciones, seamos capaces de llevar a la superficie de la consciencia lo que está en la profundidad de la inconsciencia.

El problema no es lo que guardamos en el inconsciente, sino lo que hacemos con eso. Muchas veces, nuestras reacciones al entorno vienen desde este lugar y podemos sobre reaccionar, desarrollamos fobias, miedos irracionales o hacemos cosas que hasta a nosotros mismos nos parecen extrañas.

Odio la mandarina, no soporto el olor que despide y hasta tengo una especie de alergia por la cual me da mucha come- zón en las fosas nasales cuando alguien come mandarina cerca de mí. La verdad es que es un hecho sin importancia, sin embargo, un día me cuestioné porqué detestaba tanto la mandarina y vino a mi mente un recuerdo: Cuando éramos niñas, mis hermanas jugaban «guerritas» con las cáscaras de la mandarina, apretándolas y expulsando el líquido que guardan (descubrí que es un aceite esencial que se llama limonero, que, por cierto, tiene muchísimas propiedades cu- rativas). Al ser la menor de las tres, casi siempre era el blan- co perfecto para sus juegos y terminaba con el líquido en la cara, en los ojos —me ardían— y en mi ropa. La verdad es que sigue sin gustarme la mandarina, pero al menos hoy sé de dónde le tengo tanta aberración.

Otro ejemplo de esto es cuando nuestra pareja hace algo que a sus ojos parece «normal», pero nosotros sobre reaccionamos por- que nos parece inaudito. Si analizamos tantito la situación, nos podríamos dar cuenta de que casi siempre cuando viene una so- brerreacción tiene que ver con partes de nuestra propia historia albergada en el inconsciente que no hemos llevado a la luz.

Elena, una de mis consultantes, vino a terapia porque estaba teniendo muchísimos problemas con su marido Raúl. Había momentos en los que ella estaba convencida de que Raúl la iba a abandonar, que le era infiel y que seguramente en ese

*preciso momento estaba con otra persona. Cuando Elena lo
confrontaba, Raúl tranquilamente le decía dónde había estado y le demostraba que nada de lo que ella pensaba era
cierto. Al trabajar en terapia nos dimos cuenta de que cuando Raúl no estaba disponible para ella, por ejemplo, cuando
estaba en una junta, haciendo ejercicio o realizando otra
actividad, era cuando ella empezaba a tener todos estos pensamientos catastróficos sobre la infidelidad y el abandono.
¡Y podía crear historias espeluznantes en su cabeza! Que por
supuesto, al ser llevadas al cuerpo y al corazón, se sentían
total y absolutamente reales. Al trabajarlo en terapia, nos
dimos cuenta de que lo que sucedía era que, al no estar disponible para ella todo el tiempo, Raúl sin querer activaba las
heridas de abandono y traición que Elena había sufrido en
su infancia por parte de su papá.*

Al llevar el subconsciente al consciente, podemos empezar a
sanar la historia, quizá el dolor siga, pero al menos podemos ser
claros de aquello que en realidad nos sucede y dejar de proyectar
las heridas, creencias e historias albergadas en nuestra mente subconsciente sobre otras personas u otras situaciones que no tienen
nada que ver.

Si retomamos el concepto de dualidad que nos muestran los
ángeles: amor/miedo, luz/oscuridad, etc., podemos incluir este nuevo binomio consciencia/inconsciencia. Siendo la consciencia la
parte que está en la luz, la que puedo ver con facilidad, la que me
gusta, en la que estoy tranquilo o en paz, con la que me siento có-
modo… y la inconsciencia es aquella parte que me genera conflicto,
que rechazo en mí, que no quiero ver, que me da miedo, que me
avergüenza, donde guardo las emociones reprimidas y todo lo que
no cabe en el «deber ser», prejuicios, etc.

Uno de los principales objetivos en el proceso de crecimiento personal y espiritual es justamente llevar el inconsciente al consciente: la oscuridad a la luz, el miedo al amor.

La forma en la que vamos a explorar el inconsciente es a través de ser testigos de nuestra propia historia. En muchas ocasiones son el entorno y los sucesos de nuestra vida los que nos sirven como detonadores para conocer nuestro inconsciente. Es un trabajo personal que consiste en dejar de reprimir los sentimientos y pensamientos para poderlos ver con claridad y entender de dónde provienen; esto, a su vez, nos lleva al autoconocimiento, a la autocompasión, a la autoestima y a amarnos más profundamente a nosotros mismos.

Entre más conscientes seamos de nuestro inconsciente, seremos seres más luminosos, por lo tanto, más llenos de amor, de sabiduría y por supuesto de salud.

Existe un factor más a tomar en cuenta cuando hablamos de los procesos mentales y es la forma en la que opera nuestra mente. La mente recibe un estímulo del exterior a través de una neurona, que lo traduce en un impulso nervioso y a su vez lo comunica a otras neuronas como la orden de la respuesta que el sujeto dará al ambiente.

La neurona A recibe un detonador del ambiente, este estímulo es procesado, traducido y comunicado como una sensación. La neurona A envía el estímulo eléctrico cargado de información a la neurona B que, a su vez, se encarga de que todo el cuerpo reciba esta información para poderla transformar en acciones concretas.

Por ejemplo: olor a comida – hambre, sensación de estómago vacío – busco comida.

Cabe mencionar que, el detonador inicial, no necesariamente tiene que venir del entorno, muchas veces está dentro de nosotros. Es decir, a veces, el estímulo puede venir de nuestra imaginación o derivado de otro pensamiento «desencadenado» en el proceso complejo de nuestra mente (como decía mi abuela: «me doy cuerda yo sola»). Entonces, el cuerpo no diferencia entre la realidad y la fantasía.

En el ejemplo anterior de Elena y Raúl, Raúl al no estar disponible detonaba la reacción en Elena, sus neuronas conectaban con una parte del inconsciente que tenían que ver con la historia del abandono y traición de su papá, esto le mandaba información a su cerebro en forma de fantasía catastrófica: «Raúl me es infiel y me va a abandonar; y todavía peor, ahorita seguro está con la otra». Esta nueva información de su cerebro era enviada a su cuerpo como realidad, desencadenando una serie de emociones, sensaciones, nuevos pensamientos y sobrerreacciones. Por supuesto, cuando Raúl salía de su junta y se comunicaba con Elena, ella estaba hecha una furia y él no entendía nada de lo que estaba ocurriendo. En realidad, el problema no era que Raúl estuviese o no disponible, sino las heridas no procesadas en el subconsciente de Elena.

Es por eso, por lo que debemos de cuidar la calidad de nuestros pensamientos y volvernos testigos de lo que nuestra mente está «elucubrando» a cada momento. Para que nuestras reacciones, nuestras motivaciones y nuestra realidad vengan desde un lugar de luz y no de oscuridad. Y siempre que tengamos estos episodios que se sienten incómodos u oscuros, darnos permiso para quedarnos en ellos, ir más profundo, ver de dónde vienen, procesarlos y sanarlos. Este es un trabajo de todos los días.

Los procesos mentales interfieren e influyen directamente en nuestro cuerpo energético, emocional y físico, por lo tanto, también son un factor determinante en nuestra salud.

NUTRE TU MENTE, NUTRE TU SER

Amada niña mía:

Al igual que buscas nutrir tu cuerpo con alimentos de calidad, te pedimos que pongas atención a la calidad de la información con la que nutres a tu mente. Tu mente es como una esponja que absorbe todo lo que ve en el entorno y que va a influir de manera directa en tu vibración personal y, por ende, en la creación de tu propia realidad.

Cuando tú alimentas a tu mente con información de baja vibración como películas violentas, noticieros amarillistas, chismes o escuchar las quejas de otras personas, entre otras cosas, estás alimentando a tu cerebro–corazón con un equivalente a «alimentos chatarra» que no nutren a tu ser.

A partir de hoy te pedimos que pongas atención con qué quieres alimentar a tu mente, qué tipo de vibración deseas tener y qué tipo de realidad deseas crear. Desde ahí te pedimos que «elijas» conscientemente a qué clase de información te vas a exponer.

Te darás cuenta de que, al elegir conscientemente lo que vas a poner en tu mente, te sentirás más en paz, vibrarás más alto y podrás crear una realidad mucho más hermosa.

Llámanos cada vez que sientas que tus pensamientos te están llevando a vibrar bajo y déjanos ayudarte a calmar tu mente y a llevarte a un lugar de paz, de luz y de amor incondicional.

Te amamos y te acompañamos siempre,

Arcángel Zadkiel

EJERCICIO N.º 5: VOLVIÉNDOTE TESTIGO DE TUS PENSAMIENTOS

Para realizar los ejercicios contenidos en este libro, te invito a copiar y hacer click en este link:

https://angelesentuvida.angelicabovino.mx/medicina-espiritual-meditaciones

O puedes acceder por medio de este QR:

INTERRELACIÓN ENTRE LOS 4 CUERPOS

Nuestros cuatro cuerpos —mental, emocional, espiritual y físico— están íntimamente relacionados entre sí, no podemos separarlos, ni pretender interactuar con uno sin tomar en cuenta a los otros tres. Es decir, no puedo pensar en «sanar» uno de ellos, sin que esto tenga repercusiones en los demás; de igual manera, si hago algo que beneficie o afecte alguno de mis cuerpos, inmediatamente se sentirá la consecuencia en los otros tres.

Asimismo, aquello que evite o evada en alguno de mis cuerpos, es decir, lo que no quiero ver en mí, lo que no deseo reconocer, expresar o procesar, aquello que quiero esconder hasta de mi propia consciencia, encontrará salida por otro de los cuerpos. Por ejemplo, si existe un sentimiento que no quiero ver o reconocer en mí, quizá mi cuerpo físico lo termine expresando como un síntoma o enfermedad.

Lizbeth sufrió de acoso sexual por parte de su jefe. Después del incidente, sentía un terrible enojo y una imperiosa necesidad de denunciar al agresor ante directores de más alto rango, sin embargo, creía que al hacerlo, corría el riesgo de que no le creyeran y de que, contrario a sentirse apoyada, tomaran represalias contra ella. Esto le hizo sentir, además del enojo, una gran impotencia. Decidió callarse, «se tragó» los sentimientos y todo lo que tenía que decir. Al pasar de los días, se empezó a sentir muy pesada energéticamente, sentía como si alguien la estrangulara (ella misma) y la garganta le empezó a doler y se empezó a quedar afónica. Conforme iban pasando los días, «sus síntomas» empeoraban. Lizbeth buscó ayuda acudiendo a una angeloterapia. Trabajamos el bloqueo energético en el área de la garganta, los ángeles le hicieron ver que había enojo estancado, me lo mostraban como un bloqueo rojo en el área de esa parte; esta energía venía desde el estómago —plexo solar— y subía y se quedaba atorada en su garganta. Al platicar lo sucedido en terapia, su dolor y afonía disminuyeron, sin embargo, ella sabía que era necesario denunciar a su jefe. Unos días después de la terapia, finalmente lo hizo, escribió una carta a los directores de la empresa narrando lo ocurrido, al hacerlo, el malestar cesó en su totalidad.

Si te fijas en el ejemplo anterior, lo primero que siente Lizbeth es enojo (cuerpo emocional), esto se traduce en la energía roja que sale de su plexo solar hacia su garganta (cuerpo energético); piensa que no debe expresar porque está en juego su trabajo (cuerpo mental); al no hacerlo se genera un bloqueo energético, que posteriormente se convierte en una enfermedad (cuerpo físico). Finalmente, al expresar lo ocurrido y el sentimiento generado (cuerpo emocional), se liberan los demás cuerpos.

En conclusión, los cuatro cuerpos no pueden separarse ni entenderse uno sin los otros; cualquier cosa que le suceda a uno de ellos se verá reflejado en los otros tres, tanto de manera positiva, como de manera negativa y cualquier acción que se realice los puede perjudicar o beneficiar.

EJERCICIO N° 6: ENTENDIENDO MIS CUATRO CUERPOS

Para realizar los ejercicios contenidos en este libro, te invito a copiar y hacer click en este link:

https://angelesentuvida.angelicabovino.mx/medicina-espiritual-meditaciones

O puedes acceder por medio de este QR:

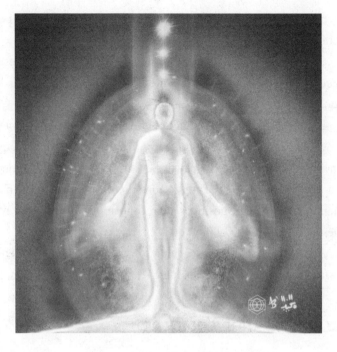

© ilustración by Alejandra Bárcena

¿QUÉ ES LA SALUD?

«Ahora, cuando sean total y absolutamente conscientes, pueden pedir SALUD PERFECTA. Cuando finalmente sepan (y se lo crean) que están hechos a imagen y semejanza de Dios, cuando estén conscientes, absolutamente conscientes de que la DIVINIDAD HABITA EN CADA UNO DE USTEDES y que cada uno de ustedes es TOTAL Y ABSOLUTAMENTE PERFECTO, entonces, ya no necesitarán de las enfermedades para sanar su alma».

Arcángel Rafael

El cuerpo físico es una maquinaria perfecta, creada de forma perfecta, por un creador perfecto.

Según la OMS, «la salud es un estado de completo bienestar físico, mental y social, no solamente la ausencia de enfermedades o dolencias».

Entonces, tener salud se traduce en contar con un cuerpo fuerte, ágil, capaz de realizar movimientos, resistente, coordinado, que funciona correctamente; se concibe como la posibilidad que tiene una persona de vivir en armonía con su entorno, de tener pensamientos congruentes, positivos, de reconocer y expresar sus sentimientos y de permitir el flujo de la energía en su ser.

Algunas variables que ayudan a fomentar la salud son: ejercicio físico, nutrición, descanso, higiene, pensamiento, emociones.

SALUD = BALANCE/EQUILIBRIO

Ahora, desde el punto de vista espiritual, la salud es el balance perfecto entre todos los aspectos de nuestra vida. En mi libro *Vivir en Abundancia de la Mano de los Ángeles* (Urano 2017) expreso cómo los ángeles me mostraron que la abundancia o plenitud tiene que ver con el desarrollo de diferentes aspectos representados en los 7 diferentes chakras: economía, seguridad, trabajo, sentido de pertenencia, salud física, buena relación con el cuerpo, sexualidad, gozo y disfrute, autoestima, poder personal, control sobre la propia vida, relaciones y sentimientos, dar y recibir amor, expresión óptima de los sentimientos, comunicación, hablar desde la propia verdad, ser auténtico, inteligencia, creatividad, intuición, sabiduría y tener una conexión con Dios. En la medida en que seamos capaces de mantener balance entre estos aspectos, es decir, de darles a cada uno de ellos el tiempo, la energía y la atención necesarios, estaremos creando una vida abundante, plena, en balance y saludable.

Me imagino a una persona en perfecta salud, con su cuerpo funcionando de manera precisa, su sistema energético balanceado, su mente en el aquí y el ahora, sus pensamientos positivos y con sus emociones en equilibrio. Esto puede resultar una utopía ya que, mientras vivamos en este plano terrenal, vamos a seguir trabajando aspectos que nos van a ayudar a evolucionar y justamente el salirnos de este balance es lo que nos lleva a observar aquello en lo que aún tenemos que trabajar, crecer y aprender.

Cuando hablamos de equilibrio y balance en el ámbito espiritual, no estamos hablando de una figura estática, si no de esta figura que se mueve de su centro, pero que aprende a regresar con facilidad al mismo; este concepto me recuerda estos juguetes inflables que tienen una base semiesférica con contrapeso que, al golpearlos y sacarlos de su centro, regresan por sí mismos a su lugar. Es justo en encontrar el trayecto que nos regrese al centro, en donde desarrollamos nuevas aptitudes o talentos, donde crecemos, donde nos reinventamos y evolucionamos. Quizá el balance lo vamos a encontrar al crear un flujo, un ritmo, que nos permita hacerlo de una manera armónica, más que de una manera disruptiva. El balance está en aceptar estos factores que «me sacan de mi centro» como parte cotidiana de la vida y el permitirme aprender de ellos para regresar de manera natural al mismo.

Si estuviéramos en el centro todo el tiempo de manera totalmente estática, si ya no tuviéramos nada más que aprender o desarrollar, quizá ya no tendría caso estar aquí experimentándonos en esta vida humana, quizá sería el momento de, como Buda, iluminarnos y trascender. Pero, mientras sigamos en este plano, encarnados en un cuerpo humano, seguimos en este vaivén de situaciones, emociones, pensamientos, afecciones y energía que nos indican que estamos vivos y que la vida per se, al igual que nuestro corazón, es una pulsación constante.

Cuando hablamos de nuestro cuerpo físico, cada síntoma, cada enfermedad, no es otra cosa que este salirnos del centro, y quizá debamos de aprender a escuchar a nuestro cuerpo como una herramienta, sabiendo que podemos, a través de la consciencia, construir el camino que nos llevará de regreso al centro, es decir, a estar en balance.

Dice Bárbara Brennan en su libro *Hands of Light*[2], que la fórmula única para llegar a la salud perfecta es reconocerte uno con Dios. Observar la dualidad. Eres individuo y con esto reconoces tu cuerpo físico y, a la vez, eres Divinidad y con esto te das cuenta de tu luz y tu perfección.

Lo que es una realidad es que salir de la oscuridad para ir hacia la luz, salir del miedo para ir al amor, salir de la enfermedad para ir hacia la salud, es un proceso en el que intervienen muchos factores; es decir, no basta quizá con hacer una afirmación o con una sesión de sanación o una meditación, se requiere trabajo interior y, al igual que en otros ámbitos, se requiere ir sanando, a través de la introspección, las diversas capas de oscuridad (enfermedad) para llegar a la luz (salud perfecta).

Siempre les he dicho a mis alumnos que somos como una cebolla, que tenemos que ir «pelando» o sanando las diversas capas para llegar al centro. Las capas de la cebolla representan nuestros miedos, mientras que en el centro está nuestra más profunda esencia: el amor incondicional. Este trabajo de ir develando «las capas de la cebolla» lo hacemos a través de encontrar el regreso al balance cada vez que nos salimos de él.

La pregunta es ¿algún día lograremos la tan anhelada salud perfecta?, ¿algún día lograremos ser luz sin oscuridad?, ¿amor sin

---

2. Brennan, B. (1987). *Hands of Light: A Guide to Healing Through the Human Energy Field*. Bantam.

miedo? Quizá mientras estemos en este plano terrenal no, pero al final no es el logro de la meta absoluta lo que cuenta, sino qué tanto te puedes ir acercando a ella.

ENFERMEDAD = DESBALANCE/DESEQUILIBRIO

«La enfermedad es el esfuerzo que la naturaleza hace para curar al hombre. Por lo tanto, podemos aprender mucho de la enfermedad para encontrar el camino de regreso a la salud, y lo que al enfermo le parece indispensable rechazar, contiene el verdadero oro que no ha sabido encontrar en ninguna otra parte».

C. G. Jung

Si la salud es el balance, entonces la enfermedad es el desbalance y el desequilibrio; y yendo un poco más lejos es la incapacidad de la persona para regresar a dicho balance (al centro). Es la señal de alerta, la forma del cuerpo de hacernos saber que algo está mal, fuera de sitio. Es el aviso de que estamos fuera de centro, es el mensaje de que hay algo que sanar en nosotros (además del cuerpo físico). La enfermedad es el principio de la sanación, el punto de partida para emprender el camino de regreso al centro, la carretera del aprendizaje y el vehículo de la lección que debemos de aprender.

«La enfermedad es la confusión del alma, expresada a través del cuerpo, para ser llevada a la consciencia».

Emmanuel [3]

---

3. Rodegast, P. (2012). *Emmanuel's Book III: What Is an Angel Doing Here?* Bantam.

El cuerpo es la pantalla en donde se refleja nuestra historia, nuestras creencias, limitaciones y miedos.

Louise L. Hay dice: «Considero que creamos todas las llamadas enfermedades de nuestro cuerpo. El cuerpo, como todo lo demás en la vida, es reflejo de nuestros pensamientos y nuestras creencias. El cuerpo siempre nos está hablando, si tan solo tomáramos el tiempo necesario para escucharlo. Cada célula de tu cuerpo responde a cada uno de tus pensamientos y a cada palabra que pronuncias».

Aun antes de ser enfermedad, la enfermedad tiene varias facetas:

- Pensamiento o sentimiento no expresado o reprimido.
- Bloqueo emocional.
- Bloqueo energético.
- Síntoma.
- Enfermedad.

Retomemos el caso de Lizbeth. Antes de presentar un síntoma ella tuvo un sentimiento: el enojo, que al no ser expresado, al ser reprimido por sus pensamientos, creencias y el miedo a no ser tomada en serio, se convierte en bloqueo emocional; posteriormente se convierte en un bloqueo energético, se genera la energía que, al no ser expresada, bloquea la garganta, esto se convierte en un síntoma: el dolor de garganta y la afonía. En este caso en particular no llegó a ser una enfermedad, pero si hubiera seguido, posiblemente se podría haber convertido en algo mucho peor, desde una laringitis hasta un cáncer de garganta.

En la mayoría de los casos, antes de llegar a ser una enfermedad, tenemos la oportunidad de escuchar a nuestro cuerpo de diferentes maneras. Sin embargo, cuando no estamos en esa disposición de escucharlo, entonces EL CUERPO GRITA LO QUE EL ALMA, EL CORAZÓN Y LA MENTE CALLAN.

HOMEOSTASIS

Mientras escribía este libro amanecí un día con esta palabra en mi mente. Recordaba que era un término que había aprendido en la escuela secundaria, pero no tenía claro cuál era su significado. Supe que este mensaje venía de mis ángeles. Al encontrar el significado supe que el Arcángel Rafael me estaba pidiendo que incluyera este término en el libro.

La homeostasis es el equilibrio en un medio interno, como por ejemplo, nuestro cuerpo. El organismo realiza respuestas adaptativas con el fin de mantener la salud. Los mecanismos homeostáticos actúan mediante procesos de retroalimentación y control. Cuando se produce un desequilibrio interno por varias causas, estos procesos se activan para restablecer el equilibrio.

El cuerpo físico tiene la posibilidad, en la mayoría de los casos, de sanarse a sí mismo, de regresar a su centro, a su balance por sí solo. Para poder lograrlo, es necesario verse de una forma holística. No enferma el órgano, enferma la persona. No enferma el cuerpo físico, enferman todos sus cuerpos. Entonces, para lograr esta autosanación es necesario tener consciencia de sí mismos, tener la capacidad de auto observarse, contar con la disposición de hacer el trabajo personal necesario y tener paciencia, porque la sanación global es un proceso que quizá se va a llevar tiempo.

Esta autosanación no es mágica, requiere trabajo en todos los sentidos. Mental: ¿Qué creencias tengo sobre esta enfermedad, prejuicios, ideas, etc.? Física: ¿Qué me está pidiendo mi cuerpo con esta enfermedad? Emocional: ¿Qué emoción reprimida hay detrás? Espiritual: ¿Cómo esta enfermedad es mi maestra?

Existen situaciones, síntomas o enfermedades que solo involucran a uno o dos de los cuerpos y algunas que involucran a los cuatro cuerpos. Por ejemplo, si comí algo descompuesto y tengo vómito, quizá solo involucra a mi cuerpo físico y solo debo de dejar que lo que estaba descompuesto salga de mi organismo. Pero si una persona desarrolla una enfermedad mayor, como un cáncer, quizá requiera un trabajo mucho más profundo en todos los aspectos.

LA SALUD ES LA UNIÓN DE TODOS TUS CUERPOS

Amada mía:

Cuando ustedes, los humanos, hablan de salud, lo hacen desde un lugar fragmentado; al parecer, todavía no son capaces de ver que son mucho más que su cuerpo físico. Necesitas entender que son un todo mucho más grande que lo que ustedes perciben.

Eres tu cuerpo físico, tu cuerpo espiritual, tu cuerpo energético, tu cuerpo mental. Eres tu ser superior y tu conexión con el cosmos y el Universo. Eres los lazos que te unen a los que amas y tu interconexión con el entorno. Eres luz, eres energía, eres materia.

Hablar de salud implica mucho más que lo que ustedes entienden; para nosotros los ángeles, la salud es la perfecta unión de todos tus cuerpos con la Luz Divina, es el cumplimiento de tu propósito, es que te permitas experimentarte en la Tierra con todo lo que tu alma acordó que aprendería. Es entender que eres tú el creador de tu propia realidad, incluyendo la «salud» de tu cuerpo físico.

Mientras estás listo para entender este nuevo concepto e integrarlo, te guiamos, sanamos y acompañamos.

Con amor y admiración,

Arcángel Rafael

EJERCICIO Nº 7: SALUD Y ENFERMEDAD. MEDITACIÓN CON ARCÁNGEL RAFAEL

Para realizar los ejercicios contenidos en este libro, te invito a copiar y hacer click en este link:

https://angelesentuvida.angelicabovino.mx/medicina-espiritual-meditaciones

O puedes acceder por medio de este QR:

2
¿POR QUÉ ENFERMAMOS?

La condición normal del ser humano es vivir en salud. La enfermedad no es una condición inherente a la humanidad.

La mayoría de las veces enfermamos por vivir constantemente en el miedo, nuestro sistema energético se contrae, nos hacemos chiquitos y vibramos bajito. Cuando esto sucede, nuestras defensas corporales también bajan y permitimos la entrada a las enfermedades.

Recuerda que el sistema energético se regula a través de nuestros pensamientos, sentimientos y las diferentes reacciones que tenemos ante el entorno y, de acuerdo con esto, va a vibrar en una frecuencia determinada. La frecuencia normal de un ser humano en estado neutro equivale a aproximadamente 250 Hz. Cuando tenemos sentimientos como el miedo, la ira, la soberbia, la envidia, la vergüenza, etc., bajamos nuestro nivel de vibración, la frecuencia del miedo es menor a 100 Hz, mientras que, cuando tenemos sentimientos de amor, gratitud, paz, alegría y compasión, nuestra frecuencia se eleva, la frecuencia energética del amor es de 528 Hz. Como puedes observar ¡la brecha vibracional entre el amor y el miedo es enorme!

Cuando nuestra frecuencia está por debajo de los 250 Hz es cuando entramos en estrés, nuestro cuerpo entra en un modo de supervivencia, nuestro cuerpo energético se contrae, nos ponemos en alerta y nos enfocamos en dos cosas: correr o atacar, ¡como si te estuviera persiguiendo un león! Como estamos ocupados en solucionar el peligro, entonces no hay espacio en nuestro ser para otra cosa; cuando pasamos grandes periodos de tiempo en la supervivencia nos desgastamos física, mental, emocional y energéticamente y es cuando vivimos cansados, sin energía y hasta enfermamos.

Cuando elevamos nuestra frecuencia arriba de los 250 Hz, entramos en modo sanación; nuestro cuerpo energético se expande, nuestro cuerpo físico se relaja y es cuando podemos hacer muchas cosas y permitimos que nuestro cuerpo funcione de mejor manera, que recupere su balance, su equilibrio… ¿Te acuerdas de la homeostasis? El cuerpo humano es capaz de reencontrar el camino hacia su propio equilibrio, hacia su propia sanación. Cuando estamos en este estado de autosanación, nos volvemos receptivos, creativos y más intuitivos.

Hace algunos años me invitaron a dar un curso a un país latinoamericano; la verdad es que yo iba feliz. Una de mis pasiones, además de mi trabajo con los ángeles, es viajar y conocer nuevos lugares, así que accedí.

A mi llegada, los organizadores del curso me recogieron en el aeropuerto. El automóvil en el que llegaron tenía todos los vidrios polarizados casi negros, eso me llamó la atención, pero no dije nada. Posteriormente, me di cuenta de que todos los vidrios de todos los automóviles estaban así, así es que mi curiosidad no pudo más y pregunté a qué se debía ese hecho, a lo que me contestaron que lo hacían porque la inseguridad en ese país era muy grande y de esa forma los malhechores no sabían cuántas personas venían en el vehículo. Yo vivo en la CDMX y como decimos en mi país, «aquí no cantamos mal las rancheras», es decir, este tema no era desconocido para mí en lo absoluto.

Al llegar al hotel en el que me alojaría, expresé mi deseo de salir a correr en las mañanas, ya que en ese momento estaba entrenando para hacer un maratón, pero los organizadores me «prohibieron» terminantemente salir del hotel si no era bajo su custodia. De verdad me sentía confundida, ¿tan mal estaba la situación en ese país?

Como estas situaciones surgieron otras, finalmente impartí el curso, no pude conocer mucho de la ciudad y, cuando regresé a México, me sentía enferma, tenía muchos síntomas a la vez: infección vaginal, colitis, gastritis, ansiedad, dolor de garganta y migraña. ¡No sabía a qué médico debía acudir! No sabía si ir con el ginecólogo para la infección vaginal, con el otorrino para el dolor de garganta o con el gastroenterólogo para la colitis y la gastritis. Me imaginaba que, si iba con un médico general, me iban a atiborrar de medicinas, una para cada uno de mis síntomas y a lo mejor iba a terminar sintiéndome peor. Por si fuera poco, me sentía bloqueada espiritualmente, no podía meditar, ni escuchar la guía de mis ángeles. ¡Me sentía desesperada! Cuando le platiqué a mi hermana todo esto que me pasaba, me sugirió ir a ver al homeópata.

Al relatarle al homeópata cómo me sentía, me preguntó ¿a partir de cuándo te sientes así? Le conté del viaje, a lo que él me contestó: «Angélica, es muy sencillo, lo que tú tienes es miedo… ¡Miedo! Este miedo está expresándose en tu cuerpo de muchas maneras, inclusive te está haciendo sentir *enferma y débil.». Me dio medicinas homeopáticas y me fui a mi casa.*

Esa noche, decidí intentar meditar otra vez, y por fin pude contactar a mis amados Arcángeles Rafael y Miguel. Me explicaron lo que me había sucedido, me dijeron que habían estado junto a mí todo el tiempo y me dejaron ver cómo, además de ellos dos, había muchos ángeles y arcángeles a mi alrededor... Me dijeron: «Siempre estamos contigo. ¡Siempre! Pero eres tú quien a veces, ante las situaciones del entorno, bajas tu vibración y, cuando lo haces, tu sistema energético y tus chakras se contraen; a veces esta contracción produce bloqueos y estos se traducen en enfermedades».

Me di cuenta de que era real, cada uno de los síntomas que estaba teniendo, estaban en los diferentes chakras de mi cuerpo, cada uno correspondía a un centro energético diferente: colitis a la raíz, infección vaginal al sacro, gastritis al plexo solar, ansiedad al corazón, dolor de garganta a la garganta y migraña al tercer ojo y la coronilla. Al sanar mi miedo, estaría elevando mi vibración, desbloqueando mis chakras y con esto mi cuerpo físico sanaría por añadidura. Continúe con el tratamiento homeopático, reconocí mi miedo, lo enfrenté y elevé mi frecuencia energética.

La enfermedad es la carencia, la salud es la abundancia. La mente, desde el miedo es la creadora principal de la enfermedad; sin embargo, existen varias formas específicas en las que creamos las enfermedades.

FACTORES QUE FOMENTAN LAS ENFERMEDADES

CONDICIONAMIENTO

Desde el momento en el que estamos en el vientre materno ya está surgiendo el condicionamiento hacia la salud y la enfermedad; a la madre embarazada se le da el trato de «enferma», tiene que ir al médico constantemente, hacerse estudios, tomar medicamentos o suplementos alimenticios, hospitalizarse para tener al bebé, etc. Todo esto sucede desde un miedo profundo a que «algo» salga mal, es decir, desde el miedo a la presencia de la enfermedad o a la complicación. Si bien tener la supervisión médica y dar a luz en un hospital nos da cierta seguridad y confort, se nos olvida que concebir y parir son procesos naturales del cuerpo humano y que no requieren por fuerza tener este tipo de asistencia.

A partir de ahí, ya estamos relacionando íntimamente la vida con la enfermedad.

La realidad es que nos han condicionado de muchas maneras. Durante siglos hemos creído que inevitablemente vamos a enfermar por alguna razón.

Algunas condicionantes son:

Creencias: Desde pequeños nos enseñaron una serie de creencias que nos condicionan. Si haces tal cosa, te vas a enfermar. Basta recordar a nuestras madres diciéndonos ante el primer soplido de aire que nos pusiéramos el suéter para no enfermarnos. La realidad es que cada cultura tiene sus propias creencias y el enfermarnos varía de acuerdo con las mismas.

Para muestra basta un botón, Pablo, uno de mis alumnos que vive en el Puerto de Veracruz —lugar en que la temperatura promedio oscila entre los 20 y los 30 grados centígrados— me platicó que, cuando era niño, su mamá se enojaba porque andaba descalzo en la casa, argumentando que se iba a enfermar. Si esto fuera totalmente cierto, ¿cómo es que en los países Nórdicos a los bebés los dejan afuera de las casas para que duerman su siesta a temperaturas de -10 °C para que se fortalezcan y crezcan sanos?

Nos hacen creer que necesitamos de medicinas o complementos para estar bien y que el hombre no puede estar sano por sí solo y que siempre va a necesitar de esta ayuda.

Recuerdo perfecto cuando mi hija mayor nació. Dentro de mi estrés como mamá primeriza quería tener todo lo que iba a requerir durante su primer año de vida, esto incluía un extenso «botiquín» con todas las medicinas que pudiera necesitar; para el cólico, el dolor de oídos, el resfriado, por si llora inconsolable, por si le da reflujo, por si le daba tos, etc.

También vivimos pensando que hay enfermedades inevitables a determinadas edades y que es normal adquirirlas; por ejemplo, si pasas de los cuarenta es normal que tengas hipertensión o colesterol alto...

Así podemos seguir y seguir, la lista de las creencias que nos condicionan es interminable. Si tuviste una enfermedad es inevitable que tengas otra y si eres propenso a alguna afección, seguro te va a dar.

Sistema de salud consumista: Desgraciadamente, por muy buenos que sean los adelantos científicos y tecnológicos en el área de la salud y por excelentes que sean muchos médicos en el desarrollo de su profesión, están inmersos en un sistema de salud que en México y en el mundo se ha vuelto un gran negocio que a la luz del enriquecimiento de algunos, se ha visto comprometido y corrompido.

Pareciera que las aseguradoras, los hospitales, la industria farmacéutica y, a veces, hasta los mismos médicos, a fin de satisfacer diversos intereses ajenos al ejercicio mismo de la profesión, estuvieran de acuerdo en generar un mayor consumo, muchas veces innecesario dentro de la industria, por ejemplo, estudios irrelevantes, consumo excesivo de medicinas, hospitalización, cirugías que, quizá no son necesarias, pero que permiten una mayor derrama económica en el sector. Al final todas estas situaciones terminan provocando un mayor miedo entre los pacientes.

Tengo grandes amigos médicos que me han confesado que, para tener un consultorio dentro de un hospital de prestigio, necesitan garantizar al nosocomio un cierto consumo; por otro lado, ¿cuántas veces un médico se inclina a recetar una medicina en lugar de otra por haber adquirido un compromiso con el laboratorio a cambio de asistir al próximo congreso en la playa?

Quiero dar dos ejemplos de esto que estoy exponiendo porque estoy segura de que muchos de ustedes se sentirán identificados:

Hace algunos años, mi hija se desmayó en la escuela. Recibí una llamada notificándome lo sucedido y en la que me decían que ya había sido atendida y que estaba bien. Habían tenido un evento en el que había permanecido un largo tiempo bajo el sol y, al parecer, se había deshidratado y sufrido un golpe de calor, sin embargo, la escuela sugería que la llevara al médico para que la revisaran.

El doctor le mandó hacer estudios de sangre y orina, que me parecieron correctos, pero, además, ¡le mandó a hacer un electrocardiograma! Cuando le pregunté para qué era este último, me contestó que, sin ánimo de asustarme, podría darse que la niña sufriera algún problema cardiaco y que era necesario descartarlo. (¡Imagínense el miedo innecesario que pudo haber sembrado el doctor con este comentario!). Le hice saber al médico que me parecía excesivo ese estudio y me contestó con un cierto desdén: «Yo creo que nada es excesivo en torno a la salud, si no quieres realizarle el estudio no lo hagas, pero, pues estás hablando de la salud de tu hija».

Salí enojada del consultorio. Finalmente, a regañadientes, llevé a mi hija a hacerse el estudio y salió perfecta. (Por cierto, a la doctora que le tocó llevar a cabo el estudio, también le pareció excesiva la actitud precavida del doctor).

Tiempo después, mi hija me hizo saber que, aunque el estudio, a mis ojos hubiera parecido exagerado, a ella le dio mucha calma saber que todo estaba bien.

El segundo ejemplo es el de un amigo que acudió al médico por una terrible diarrea; el médico le sugirió que se quedara hospitalizado para hidratarlo y darle antibióticos. La esposa de mi amigo le preguntó al médico que si no podía hidratarse con electrolitos en casa y tomar el antibiótico vía oral; a lo que el médico le contestó que qué más daba, si finalmente la aseguradora era quien cargaba con los gastos del hospital. (¡Como si el tiempo, la comodidad del paciente y el pago del coaseguro no importaran!).

Lo que sí es una realidad es que, a pesar de que la medicina alópata ha permitido preservar la vida y el bienestar de los seres humanos y nos da una gran seguridad gracias a sus adelantos tecnológicos, hoy está en medio de una gran crisis de intereses creados por dinero.

Los pacientes se ven obligados a tener un seguro de gastos médicos que les permita afrontar los terribles costos que conlleva enfrentar cualquier enfermedad. Los hospitales están coludidos con las aseguradoras y con los médicos, que, a su vez, necesitan remitir una cuota de trabajo (estudios, hospitalizaciones, cirugías) al hospital. Los laboratorios compran las recetas de los médicos a través de grandes congresos y torneos de golf en lugares paradisíacos y, en medio de todo esto, está un paciente asustado, que no le queda de otra más que confiar en lo que el médico recomienda, porque con la salud no se juega.

Por otro lado, y sin ánimo de entrar en controversia, el interés económico de los grandes laboratorios ha puesto en entredicho algunos tratamientos alternativos que podrían ayudar a curar ciertas enfermedades a un bajo costo, argumentando que son dañinas o poco eficientes... Mi pregunta es ¿las quimioterapias no resultan dañinas para otros órganos importantes del cuerpo? La verdad es que no soy ni médica, ni científica y todo esto lo estoy diciendo desde una postura de simple observador, pero estoy segura de que el tiempo nos mostrará la realidad de cómo está compuesto el engranaje de este sistema.

Como dije anteriormente, a pesar de todo, hay muchos médicos con una ética intachable que ejercen su profesión con integridad y que son y han sido de gran ayuda para cada uno de sus pacientes. Yo he tenido la enorme fortuna de cruzarme con muchos de ellos, con quienes estoy profundamente agradecida por su entrega y profesionalismo.

Enfermedades hereditarias: Todos tenemos historias de enfermedades congénitas y hereditarias. Todos venimos de familias en donde ha existido la diabetes, el cáncer, la hipertensión, etc. Cuando nos repiten una y otra vez que si tus padres tuvieron esa enfermedad, es factible que tú la tengas, terminan por condicionarte. Y, si yo creo que voy a tener una enfermedad, la estoy creando.

Cuando me toca ir a un determinado médico por primera vez y lleno el récord con mi información, siempre me pasa lo mismo… En la parte que dice antecedentes familiares, donde se tienen que marcar las enfermedades existentes en la familia, siempre termino marcando todos o casi todos los recuadros. Y es que en mi familia ha habido diabetes, hipertensión, cáncer, enfermedades mentales, Alzheimer, Parkinson, etc. Me acuerdo perfecto que en alguna ocasión una de mis hermanas se quiso hacer un estudio genético para saber, de una vez por todas, qué enfermedades iba a adquirir, como si el desarrollo de una enfermedad solamente tuviera que ver con la carga genética. Obviamente, la convencimos de que no lo hiciera, ¡qué necesidad tendría de auto condicionarse de esa manera!

EJERCICIO Nº 8: ¿CUÁLES SON MIS CREENCIAS CON RESPECTO A MI SALUD? ¿CÓMO ESTAS CREENCIAS ME ESTÁN CONDICIONANDO? MEDITACIÓN CON EL ARCÁNGEL RAFAEL

Para realizar los ejercicios contenidos en este libro, te invito a copiar y hacer click en este link:

https://angelesentuvida.angelicabovino.mx/medicina-espiritual-meditaciones

O puedes acceder por medio de este QR:

TOXICIDAD

Se dice que somos lo que comemos… yo agregaría que somos lo que comemos, bebemos, fumamos, hacemos, practicamos, vivimos, pensamos y sentimos.

Nuestros hábitos determinan nuestro estar en la vida. Si tenemos buenos hábitos se van a ver sin duda reflejados en nuestro cuerpo físico y se van a traducir en una vida abundante y de plenitud. Por el contrario, los malos hábitos, tarde o temprano, se verán reflejados como desgaste, envejecimiento, enfermedad, etc.

La toxicidad se puede encontrar en los alimentos, en el ambiente, en las relaciones y en nuestros propios sentimientos y pensamientos.

Alimentos: Es imposible creer que si estoy introduciendo a mi cuerpo alimentos o sustancias tóxicas no voy a enfermar; por más pensamiento positivo que pueda tener, si yo ingiero alimentos dañinos, procesados o con muchos químicos, tarde o temprano, esto se va a ver reflejado en mi cuerpo. No puedo pretender tener un cuerpo sano si mi alimentación se compone de comida chatarra y refrescos embotellados.

De la misma manera, la forma en la que fueron criados, germinados y procesados nuestros alimentos también influye. Ya es más que sabido que el estrés y el dolor al que es sometido un animal que está siendo criado para el consumo humano se traduce en el sabor, la consistencia y la calidad del alimento.

De la misma manera podemos estar siendo alimentados con frutas y verduras del campo que pueden haber sido regadas con aguas negras o que fueron sometidas a un exceso de fertilizante o insecticidas.

Es por eso por lo que los ángeles nos recomiendan que cada vez sea mayor nuestro consumo de productos naturales, de preferencia orgánicos, y que vayamos disminuyendo el consumo de productos procesados. Que busquemos una dieta más sana y menos dañina tanto para nuestro entorno, como para nosotros mismos.

Por otro lado, si ingiero un alimento en mal estado o en descomposición, es muy probable que mi cuerpo, sabiamente, busque eliminarlo, ya sea a través del vómito o la diarrea, sin que esto sea de por sí una enfermedad; sino por el contrario, es el esfuerzo de mi cuerpo por regresar al equilibrio, al balance.

También existe la toxicidad por ingerir ciertos alimentos o tener ciertos hábitos constantemente; es bien sabido que fumar puede llevar a una persona a desarrollar un cáncer de pulmones; tomar bebidas alcohólicas en exceso puede ayudar a desarrollar una enfermedad en el hígado, y comer azúcar sin medida puede ayudar a un ser humano a desarrollar diabetes.

Los ángeles me han mostrado que no se trata de privarnos de ciertos «placeres humanos», simplemente se trata de actuar en conciencia, sabiendo que es necesario tener un balance en nuestra vida.

El Arcángel Rafael, sabiendo lo «mundana» que puedo ser en ocasiones, siempre me habla de un 80/20. Me dice que es importante cuidar nuestra salud y apegarnos a lo que nos hace bien, pero también es importante disfrutar de los pequeños placeres que la vida humana nos da. De esta manera, me dice que busquemos en un 80 % tener aquellos hábitos que nos hacen bien y que nos demos permiso en un 20 % de disfrutar de los placeres de la vida. Esto también es parte del balance.

En el momento en que un hábito se convierte en adicción, deberá ser tratada como una enfermedad y buscar la sanación para regresar al balance.

Cabe mencionar que las adicciones (todas), en la mirada del Arcángel Rafael, se traducen como la necesidad del individuo de evadirse del dolor que existe en su corazón, es decir, cumplen una función como de anestesia a las heridas que todos tenemos por nuestra historia de vida. Las adicciones van mucho más allá de la droga, el alcohol y el cigarro; se pueden desarrollar adicciones a la comida, al ejercicio, a las compras, al azúcar, a las redes sociales, a la televisión, a los videojuegos, a los juegos de azar, al sexo, etc. Todas las adicciones, en mayor o menor medida, tienen un grado de toxicidad y la sanación de estas deberá realizarse en dos sentidos, por un lado, permitiendo que el cuerpo se desintoxique de aquello que lo contamina, y por otro lado, sanando el origen de esta, que la mayoría de las veces, tiene que ver con las heridas del niño interior.

*Durante toda mi vida he tenido que lidiar con una adicción
en particular, la adicción a la nicotina. Empecé a fumar a
los 16 años. Por un lado, venía de un entorno en donde
fumar era «normal», (¡todos fumaban en casa!) y por otro,
como muchos adolescentes, fumar me hacía sentir grande e*

importante. *Desarrollé la adicción de manera rápida y el cigarro se volvió parte de mi vida. Dejé de fumar durante mis dos embarazos y lo retomé apenas nacieron mis hijos. Conforme fui creciendo en consciencia me di cuenta de que el cigarro no encajaba en mi vida, no era congruente hablar de bienestar, hacer sanación energética, correr maratones, hacer yoga y fumar. Aunque fumar me resultaba placentero, el olor a cigarro en mi persona, mi ropa y mi ambiente, y, el sentirme incongruente me resultaba muy desagradable.*

Decidí dejarlo por primera vez y ¡lo logré durante 9 años! Para poder dejarlo, tuve que trabajar en mí. Entendí que necesitaba darle a mi cuerpo el tiempo para desintoxicarse y ayudarlo mediante técnicas de respiración, tomar mucha agua, consumo de vitamina C, trabajar con mi ansiedad, etc.

Al iniciar la pandemia volví a fumar y, a pesar de ser consciente de mi incongruencia y del daño que me estaba haciendo, me costó mucho más trabajo dejarlo. En esta ocasión no bastó con el trabajo de desintoxicación, sino que tuve que ir más profundo y entender qué era lo que estaba evadiendo con el cigarro. En un curso avanzado de angeloterapia, una de mis queridas alumnas, Martha Sarabia, me ayudó a través de una terapia a descifrarlo. Entendí que, cuando era niña, la intensidad de mis sentimientos resultaba molesta para mi entorno y, para no «molestar» a los otros y sentirme rechazada, buscaba por todos los medios «bajarle el volumen a mis sentimientos», a partir de mi adolescencia el cigarro me ayudó a hacerlo, cada vez que tenía una emoción fuerte, fumaba y eso me ayudaba a bajar la intensidad. En los momentos en que inició la pandemia, el cigarro me ayudó a lidiar con el miedo y la incertidumbre (al final era el camino conocido por mi ser inconsciente). Al llevar todo esto a la consciencia, hice un trabajo de sanación con los arcángeles. El Arcángel Rafael me ayudó a desintoxicar mi cuerpo, el Arcángel Miguel cortó lazos con la adicción, el Arcángel Gabriel me ayudó a conectar con mi niña interior y hacerle ver que estaba bien que sintiera y que yo hoy, como adulta, la podía apoyar y contener en su intensidad, aceptándola y amándola tal cual es. Todo este descubrimiento fue doloroso, pero a la vez hermoso, ya que estuvo lleno de amor incondicional, aceptación y liberación.

Ambientes: De la misma manera en que tenemos que cuidar lo que ponemos dentro de nuestro cuerpo, es necesario poner atención a lo que nos rodea.

Cuando hablamos de ambiente, estamos hablando del aire que respiramos, el lugar donde vivimos, el ruido que escuchamos, las imágenes que vemos en el día a día, incluso los artículos que usamos. En este caso estamos hablando de ambientes contaminados o limpios. Algunos de estos factores se encuentran en nuestro control y otros no. Es decir, no está en mis manos controlar la calidad del aire ni los ruidos del tráfico ni si hay una fábrica que desecha residuos tóxicos cerca de mi casa, pero sí puedo controlar lo que sucede en mi entorno inmediato, la higiene en mi hogar, lo que veo en la TV, las noticias que escucho, las imágenes que pongo en mi cerebro, incluso el decidir dónde vivo.

Uno de los factores que influyeron en la decisión de compra de mi casa fue el hecho de que está en la montaña; a pesar de vivir en la CDMX —una de las ciudades más contaminadas del mundo—, aquí puedo respirar un aire un poco más limpio y, al abrir mi ventana, tengo un paisaje verde y hermoso. Quizá estoy alejada de «la civilización», pero el respirar aire puro y ver las estrellas por la noche es un plus invaluable.

Cuando vivimos en ambientes contaminados, estamos expuestos a toxicidad que tarde o temprano se pueden traducir en síntomas o enfermedades.

Alberto es un muy querido alumno mío, vive en Nueva York y está casado con Martha. Ellos son personas de la tercera edad, de origen guatemalteco y viven en el condado de Queens desde hace más de 40 años; ambos tienen problemas de vista; Martha prácticamente ya la perdió y Alberto solamente ve sombras y objetos muy grandes. Los médicos les dicen que el proceso es irreversible e irremediable, sin embargo, no les dan una posible causa de por qué les está sucediendo esto y llama la atención que los dos sufran del mismo problema.

Al hacerle una terapia y preguntarles a los ángeles cuál era la causa, me mostraron partículas de metal en el ambiente, una segunda imagen que me llegó fueron las ruedas de un tren rozando contra las vías de metal. Al preguntarle a Alberto si cerca de su domicilio pasaban trenes, me sorprendí con su respuesta. Ellos viven en la avenida Roosevelt, justo donde pasa el metro elevado de Queens. Su departamento y la ventana de su dormitorio queda a la altura de las vías. ¡Lo que los está enfermando son las partículas de metal que se desprenden a través del roce de los dos elementos! Me quedó claro que esta enfermedad estaba siendo causada por toxicidad en el ambiente. Se lo comenté a Alberto, pero desgraciadamente no tenía mucho que hacer, me dijo que dada su condición, su edad y su economía no podían cambiar su lugar de residencia y tampoco se sentía con la fuerza de iniciar un proceso para pedir ayuda del Estado. Alberto y Martha eligieron quedarse donde estaban a pesar del daño que les estaba causando.

Quizá no podemos cambiar el entorno, pero hay por lo menos tres acciones que podemos realizar:

- Tomar medidas sobre las situaciones que sí estén en nuestras manos, aquello que sí está en nuestro control (nuestro entorno inmediato).
- Poner nuestro granito de arena para mejorar aquello que no está en nuestras manos (contaminación ambiental, cambio climático, etc.).
- Si vamos a estar expuestos a ambientes tóxicos, buscar protegernos lo más posible (sin caer en miedo).

Personas: Al igual que los ambientes y los alimentos, es importante saber elegir nuestras relaciones, buscar que las personas con las que interactuamos en nuestro día a día sean nutricias y que aporten energía positiva a nuestra vida.

Al estar en una relación que nutre, la persona se siente vista, valorada, querida, se sabe tomada en cuenta, se siente motivada por su entorno y puede vivir en confianza. Por el contrario, en una relación tóxica, la persona se siente juzgada, sobajada, no vista, rechazada.

Los ambientes nutricios son aquellos que se sienten armónicos y en los que se respira, la mayor parte del tiempo, paz. En un ambiente así encontraremos relaciones de respeto, responsabilidad, comunicación abierta, compromiso, compasión, ayuda mutua y amor. Mientras que en el ambiente tóxico encontraremos violencia (física o verbal), victimismo, chantaje, manipulación, deshonestidad, culpa, etc.

Cuando nos dejamos llevar por relaciones tóxicas, o cuando nosotros mismos somos los que fomentamos este tipo de relaciones, caemos en situaciones de estrés que, posteriormente, pueden ser somatizadas y llevadas al cuerpo en forma de síntomas o enfermedades.

Mónica tenía dermatitis y una pésima relación con su suegra; llegó conmigo a consulta porque estaba desesperada. Su marido y ella habían vendido su departamento para comprar una casa y, por una cuestión en el desfase de los tiempos de entrega, habían terminado viviendo con su suegra por un periodo de tres meses. Había estado en diversos tratamientos para la dermatitis y su piel mejoraba, pero no lograba curarse del todo, los médicos le decían que se había desarrollado por estrés. Al preguntarle al Arcángel Rafael el origen de su dermatitis, me mostraron a su suegra, quien constantemente «competía» con ella ante los ojos de su marido haciéndola quedar mal en cualquier actividad que ella emprendiera, haciéndola sentir incompetente, fracasada y frustrada. La dermatitis cedió cuando Mónica se mudó a su propia casa.

Tener pensamientos o sentimientos tóxicos: Aún más importante que el factor externo, es el factor interno. En ocasiones, nosotros mismos somos los responsables de la toxicidad en nuestra vida, cuando la creamos desde adentro a través de nuestros pensamientos o sentimientos.

Tener una visión negativa de la vida, vivir en constante miedo, crearnos fantasías catastróficas en nuestra mente mientras pensamos en los peores escenarios de lo que podría suceder, tener creencias limitantes sobre nosotros mismos, albergar resentimientos en nuestro corazón, no perdonar, sentir odio o envidia, juzgar constantemente a otros y vivir en constante estrés son algunos ejemplos de toxicidad.

Como expliqué anteriormente, todos estos pensamientos, nos llevan a una vibración de miedo (estrés), que nos contrae y termina por enfermarnos. Es por eso que tenemos que ser conscientes de dónde están nuestros pensamientos, volvernos observadores de nosotros mismos y saber que tenemos la capacidad de controlar nuestra mente.

Hace algún tiempo, llegó a mi consultorio una mujer llamada Consuelo; al preguntarle qué la llevaba a la terapia, me dijo que tenía muchos problemas. Se sentía insatisfecha con su matrimonio ya que no se sentía apoyada ni querida por su marido; vivían en un departamento muy pequeño junto con sus dos hijos y un perro, no le gustaba este lugar, pero no veía la forma de salirse de ahí; tenía un trabajo en donde no se sentía reconocida y vivía bajo mucho estrés; su economía estaba muy desgastada y tenía hipertensión, altos índices de colesterol, sobrepeso y constantemente se sentía cansada. En la terapia, el mensaje que recibía de los ángeles era que necesitaba hacer un cambio interno para que lo externo pudiera irse transformando. Los ángeles le hablaron de la importancia de meditar, de centrarse en ella misma, de agradecer lo que sí había en su vida para poder elevar su vibración y sacarla del estrés en el que se encontraba. Desgraciadamente, Consuelo no pudo abrazar los mensajes de los ángeles, los rebatió diciendo que no tenía tiempo de meditar ni de centrarse en ella misma, no tenía nada que agradecer ni podía visualizar un tipo de vida diferente. Estaba sumergida en un círculo vicioso del que definitivamente no iba a poder salir si ella no cambiaba primero sus pensamientos.

Para cambiar nuestros pensamientos hay varias cosas que podemos hacer. Una de ellas es aprender a perdonarnos a nosotros mismos y a los demás, especialmente cuando los pensamientos recurrentes se relacionan con eventos del pasado. También es importante aceptar las situaciones tal y como son, especialmente si se trata de cosas que están sucediendo en el presente. Para ello, es necesario aprender a quedarse en el aquí y el ahora, sin juzgar ni anticipar lo que puede suceder en el futuro. A través de estas prácticas podemos cultivar una actitud más positiva y aprender a manejar nuestros pensamientos de una forma más saludable.

En una meditación, el Arcángel Jofiel me señaló que, cuando estamos siendo negativos en nuestros pensamientos, sentimientos y hábitos, creamos para nosotros mismos una vida basada en miedo que termina por traducirse en una vida de carencia y enfermedad. De la misma forma, cuando nuestros pensamientos, sentimientos y hábitos son positivos creamos para nosotros una vida en abundancia y salud. En esa misma canalización, el Arcángel Jofiel me indicó que la llave para transformar los pensamientos negativos a positivos es el agradecimiento; no importa que tan difícil sea la situación por la que estás atravesando, siempre habrá algo que agradecer. Cuando nos centramos en lo que tenemos que agradecer, inmediatamente cambiamos nuestra mirada hacia lo positivo y es inminente que, al cambiar la perspectiva, cambiemos también nuestros pensamientos.

EJERCICIO Nº 9: DESCUBRIENDO LA TOXICIDAD EN TU VIDA. MEDITACIÓN CON EL ARCÁNGEL RAFAEL

Para realizar los ejercicios contenidos en este libro, te invito a copiar y hacer click en este link:

https://angelesentuvida.angelicabovino.mx/medicina-espiritual-meditaciones

O puedes acceder por medio de este QR:

CUESTIONES EMOCIONALES NO RESUELTAS

El cuerpo refleja la historia, el concepto que tenemos de nosotros mismos, nuestras heridas, nuestra autoestima, nuestras culpas y nuestros sentimientos más profundos. Es como si adentro de ti hubiera un proyector de cine, y todo lo que eres, piensas y sientes está claramente siendo reflejado hacia fuera a través de la gran pantalla que es el cuerpo.

Los sentimientos no expresados, no procesados, las situaciones vividas que no se enfrentan porque resultan dolorosas y se quedan albergadas en el cuerpo, primero se convierten en bloqueos energéticos y obstaculizan el flujo natural en la vida; si no se solucionan en ese nivel, entonces probablemente se conviertan en enfermedad.

Habría que comenzar por decir que TODOS los sentimientos son buenos, inclusive aquellos que en nuestra sociedad pueden tener una connotación negativa, como el enojo, el dolor o la tristeza.

Tuve una gran maestra de Psicoterapia Gestalt, la Dra. Myriam Muñoz[4], quien nos enseñó LA MATEA. La matea son los 5 sentimientos básicos que existen: MIEDO, AMOR, TRISTEZA, ENOJO Y ALEGRÍA. De estos cinco sentimientos se derivan todos los demás.

Los ángeles agrupan los sentimientos en dos rubros: los que provienen y te llevan al AMOR y los que provienen y te llevan al MIEDO.

El Arcángel Jeremiel ha sido muy claro en sus comunicaciones en cuanto al manejo de los sentimientos. No importa cuál sea el sentimiento que se presente, lo importante es que haces con él.

Los sentimientos, al igual que todas las circunstancias de nuestra vida, están aquí para mostrarnos algo, para enseñarnos algún aspecto de nuestra personalidad o alguna necesidad, quizá alguna situación no resuelta.

Los sentimientos son la expresión de nuestra humanidad. Es decir, el poder sentir y experimentar todo este matiz de sensaciones es lo que nos hace y nos define como humanos.

Los sentimientos per se no son un problema, lo que sí representa un problema es la forma en que a veces reaccionamos ante ellos. Cuando mi reacción se basa en culpar al entorno o reaccionar hacia fuera sin llevar ese sentimiento a la conciencia, es decir, cuando reaccionamos visceralmente sin permitirnos procesar lo

---

4. Muñoz Polit M. (2020). EMOCIONES, SENTIMIENTOS Y NECESIDADES: Una aproximación Humanista.

que estamos viviendo, es cuando la experiencia podría «volverse negativa». La realidad es que el sentimiento nunca es negativo ya que, aun cuando reaccionáramos de una forma poco apropiada, seguimos aprendiendo de él y de las consecuencias de nuestra reacción. Es decir, sigue siendo maestro, esto, lo vuelve positivo.

Según la Dra. Myriam Muñoz, directora del Instituto Humanista de Psicoterapia Gestalt, los sentimientos traen implícita una necesidad; el ciclo inicia con la sensación que produce el sentimiento y acaba con la satisfacción de la necesidad del mismo. De manera general, las necesidades detrás de cada sentimiento podrían ser:

- Miedo: necesidad de protección.
- Alegría: necesidad de compartir.
- Tristeza: necesidad de introspección.
- Enojo: necesidad de poner límites.
- Amor: necesidad de cercanía, expresión.

Cuando aprendemos a ver cuál es la necesidad escondida y buscamos su satisfacción, estamos procesando el sentimiento de una forma positiva.

A veces, cuando estamos en el camino espiritual, creemos que no debemos de tener ciertos sentimientos; entonces luchamos contra nosotros mismos para no sentirlos, nos evadimos de ellos. Los ángeles nos recuerdan que los sentimientos, TODOS, son parte de nuestra humanidad y nos piden que aprendamos a honrar y respetar aquello que surja, siendo observadores y testigos de todo lo que sucede en nuestro corazón. Existe la palabra en inglés «embrace», la traducción literal sería abrazar, así que, cuando existe un sentimiento, no importa cuál sea, abrázalo, dale la bienvenida a tu vida, déjate sentirlo (acuérdate que lo que resiste, persiste) y pregúntale

¿cómo puedes ser mi maestro?, ¿qué vienes a enseñarme? Deja de pelearte con tus sentimientos y simplemente permíteles que sean parte de tu vida.

El Dr. Ryke Geerd Hamer, oncólogo alemán, tras una severa investigación, sostiene que lo que enferma no son las emociones per se, sino vivirlas en soledad.

Y es que, en realidad, no son las emociones las causantes de las enfermedades, sino el hecho de no permitirles fluir; en este deseo de evadirlas o no sentirlas, las bloqueamos, las alienamos, las ignoramos, las metemos en el fondo del subconsciente en donde creemos que van a ser olvidadas.

El problema es que no son olvidadas y que, al no darles salida por el medio correcto, buscan una salida a través de nuestro cuerpo.

Cada emoción tiene un ciclo:

CICLO DE LA EMOCIÓN

De acuerdo a la psicoterapia Gestalt, una emoción es la respuesta que da nuestro ser a partir de un estímulo, ya sea generado en el exterior (entorno) o en el interior (imaginación, pensamientos, etc.).

Esta respuesta surge como una sensación que nuestro pensamiento abstracto traduce, le da un nombre y se convierte en sentimiento (pasa del 2.º al 4.º chakra); al llevar este sentimiento a la consciencia podemos detectar la necesidad que se encuentra detrás del sentimiento y actuar, ya sea expresando el sentimiento o buscando el satisfactor de dicha necesidad. Una vez satisfecha la necesidad, viene la liberación o el retiro.

Cuando este ciclo de la emoción se corta en cualquiera de sus facetas, se corta el flujo de la energía del ciclo, es decir, se genera un bloqueo que, posteriormente, se puede convertir en enfermedad.

CUANDO LAS EMOCIONES SE VUELVEN NEGATIVAS

Queridos míos:

Hemos hablado en incontables ocasiones de la importancia de ver, atender, procesar y expresar sus emociones. Ya que las emociones estancadas, que no son procesadas o expresadas, pueden convertirse en bloqueos energéticos y posteriormente en enfermedades.

También, hemos hablado de que no existen emociones o sentimientos buenos o malos, todos los sentimientos, incluyendo aquellos que ustedes consideran «negativos» como la tristeza, el dolor, el enojo, la ira o el miedo son inherentes a su condición humana y traen implícitos alguna necesidad a satisfacer, alguna acción a tomar o alguna lección de vida a aprender.

Entonces, ¿cuándo los sentimientos o emociones pueden resultar negativos?

Cuando no haces caso de su existencia y solamente vives en la razón.

Cuando tienes miedo de tus sentimientos y no te permites vivirlos plenamente.

Cuando no los aceptas como tuyos, quieres evadirlos y negarlos.

Cuando los vives en el interior solamente, sin darles un canal de expresión sano, te lo guardas para ti mismo, no le das una salida positiva.

Cuando sí los expresas, pero los utilizas como una fuente para dañar a otros o a ti mismo (te vuelves ofensivo, vengativo, depresivo, etc.).

Cuando no te responsabilizas de tu sentimiento y de la necesidad que viene implícita. Por ejemplo, tu sentimiento te pide que pongas límites a otra persona y tú lo dejas pasar, de tal manera que la situación se seguirá presentando una y mil veces, trayendo consigo una vez más el sentimiento en cuestión.

Cuando te creas o generas expectativas o historias a partir del sentimiento, que después, al no cumplirse de la forma en que las visualizaste, te generan otros sentimientos de tristeza y desilusión.

Como ves, los sentimientos son parte importante de tu humanidad, es por eso por lo que te pedimos que los vivas en plenitud, permítete sentir y utilizar a tus mismos sentimientos como fuente para tu crecimiento; permítete sentir, dejando que tus sentimientos sean guías en tu camino, observa tus emociones y hónrate en el proceso de tu humanidad.

Si existen sentimientos que te cuesten trabajo afrontar, nosotros los ángeles estaremos siempre gustosos de asistirte en el proceso.

Te amamos y acompañamos siempre,

Arcángel Jeremiel

EJERCICIO N° 10: EMOCIONES ESTANCADAS, CÓMO TE AFECTAN. MEDITACIÓN CON ARCÁNGEL RAFAEL

Para realizar los ejercicios contenidos en este libro, te invito a copiar y hacer click en este link:

https://angelesentuvida.angelicabovino.mx/medicina-espiritual-meditaciones

O puedes acceder por medio de este QR:

ENFERMEDADES POR CONTRATO

En ocasiones, la enfermedad es parte del contrato Divino, pactada como una situación maestra de la que seguramente se obtendrá un cierto aprendizaje, es muy probable que la enseñanza que deje esta enfermedad se convierte en parte de la misión de vida de la persona implicada y/o de sus familiares. La enfermedad, por muy terrible que sea, se vuelve un factor benéfico que está al servicio del crecimiento del alma propia y de las almas que nos acompañan en este espacio y tiempo.

Fabiola, una angeloterapeuta certificada por mi institución, me comentó que, en una ocasión, le tocó dar terapia a la mamá de un niño con síndrome de Down. La consultante acudió a la terapia porque quería ayudar a su hijo, quería saber cómo podría enseñarle a enfrentarse a la vida. Los ángeles le dieron una respuesta hermosa, le pidieron que, en lugar de tratar de enseñarle, qué pasaría si se enfocaba en aprender. Le hicieron saber que su hijo era un alma pura que había elegido venir a la vida con esa condición particular para ser un maestro para ella y su esposo, y la gran lección que venía a enseñarles era aprender a amar incondicionalmente.

Recordemos que somos almas en evolución que decidimos venir a la tierra como parte de nuestro desarrollo para seguir aprendiendo, para experimentarnos en diversas facetas. De estas experiencias o vivencias se desprende nuestro aprendizaje que nos permitirá crecer y evolucionar como almas. La enfermedad entonces puede ser la herramienta de la cual nos podemos servir para obtener dicho aprendizaje.

Estas enfermedades vienen a enseñar valores que quizá sean más importantes para el alma que el cuerpo mismo.

¿Por qué enferman los niños?

Muchas veces me han preguntado: «Angie, ¿por qué Dios o los ángeles permiten que se enfermen los niños?». Esta es una cuestión que, para nuestra mente humana, es muy difícil de entender; sin embargo, cuando vemos esta situación desde una perspectiva más elevada, desde nuestro ser superior, las respuestas que obtenemos son hermosas.

Recordemos que no nada más venimos a aprender, sino también somos maestros de otros seres que vienen en nuestros grupos de almas. Esto sucede en muchas ocasiones con los niños o enfermos que requieren del cuidado y la atención constante de otras personas. A veces, la lección o enseñanza de la enfermedad abarca a las personas que rodean al «enfermo».

Paulina es una gran amiga, alumna y colega; después de años de no saber la una de la otra, nos encontramos en una tienda departamental, cuando le platiqué que estaba dedicada totalmente a mi misión de vida, se mostró interesada en el tema. Después de un par de años, Paulina me llamó para pedirme una angeloterapia para su hijo mayor, Diego, quien en ese momento tenía 4 años y le habían diagnosticado leucemia. La sesión fue para ambos. Para Diego, desde una perspectiva muy lúdica y divertida, los ángeles le hicieron saber que él era como Superman y que tenía superpoderes; para su mamá, haciéndole saber que Diego era un gran maestro de vida, que venía a traerle la lección más hermosa de todas (aunque en ese momento no le dijeron cuál era esa lección).

Desafortunadamente, Diego falleció a los 7 años. Un día, platicando con Paulina, ella me contó sobre la lección que recibió. Me dijo que ella no sabía lo que era el amor incondicional hasta que vivió todo este proceso con su pequeño superhéroe. Por otro lado, tampoco conocía sus dones, su propia fortaleza y su capacidad de ser resiliente. A partir de la enfermedad y el fallecimiento de su hijo, ella pudo saber cuánto amor cabía en su corazón, descubrió su hermosa misión de vida y hoy se dedica a ayudar a otros padres que están en el proceso de enfermedades terminales con sus hijos. Su pequeño Diego resultó ser, además de un superhéroe y un «angelote» en la Tierra, un

maestro excepcional para su madre, su familia y todos los
que estuvimos cerca de él.

Cada vez que veo o pienso en mi querida Paulina la
honro, honro su historia de vida y la de su hijo, honro su
dolor de madre, honro su fortaleza para ponerse de pie y
salir adelante, honro su fe, pero, sobre todo, honro su gran
corazón.

¿Qué podría llevar a un alma a decidir vivir una enfermedad?

En el capítulo anterior te hablé de que, antes de ser un cuerpo físico, somos un alma que decidió reencarnar para venir a la tierra a vivir una situación humana que nos permitiría tener aprendizajes, evolucionar, experimentar y crecer. Para vivir esta experiencia nuestra alma planeó todos los sucesos que iba a tener en la vida, todas las personas con las que se iba a involucrar, incluyendo, por supuesto, a la familia directa y todos los aprendizajes que iba a tener a partir de ello. Esto es a lo que llamamos en el mundo espiritual «el contrato de vida».

La primera vez que escuché esta información, pensé: «¡No pude haber planeado esto! ¿Cuáles fueron las condiciones que no vi en el contrato? ¿En qué estaba pensando cuando lo firmé?». Pero la verdad es que este tipo de situaciones son difíciles de comprender desde nuestra mente humana. Para entenderlas, necesitamos conectarnos con nuestro ser superior. Es posible que hayamos decidido experimentar situaciones extremas como la pobreza, la enfermedad, las guerras, la violencia y más con el objetivo de obtener un mayor aprendizaje y evolución del alma. También acordamos tener ciertas relaciones en esta vida que estarán alineadas con los aprendizajes que deseamos obtener. Cabe mencionar que, de estas experiencias que en su mayoría son dolorosas, se desprenden los grandes aprendizajes que marcarán la pauta que nos llevará a desarrollar nuestra misión de vida.

Existen condiciones de vida y enfermedades que nuestra alma eligió para que tuviéramos una evolución mayor; esto me hace pensar en los niños que nacen con alguna condición especial y que en realidad vienen a ser maestros de sus padres en muchos sentidos, o en una persona que, por una enfermedad degenerativa, termina perdiendo movilidad y que seguramente viene a aprender a recibir ayuda de otros o a desarrollar otros aspectos de su ser.

Ese fue el caso de María Elena F., sus hijos nacieron en la década de los 80, en ese entonces, no se tenían tantos conocimientos como ahora del TDAH (Trastorno por déficit de atención e hiperactividad). Ante la sospecha de que alguno de sus hijos lo tuviera, ella comenzó a estudiar lo poco que se tenía escrito hasta ese momento sobre el tema. El interés en este la fue llevando cada vez más lejos, hasta que terminó por volverse una especialista y decidió hacer la institución Proyecto DAH, con el fin de brindar información y capacitación a padres de familia, docentes, psicólogos y médicos. Sin duda ella fue una de las personas más reconocidas y preparadas en TDAH en México y, aunque ya no esté entre nosotros, a través de su proyecto sigue ayudando a muchas familias que transitan por esta situación. ¡Gracias María Elena por tu hermoso legado!

A veces, para nuestra mente humana puede no estar claro el aprendizaje que el alma vino a obtener, sin embargo, en todos estos casos, vale la pena no perder de vista que es el cuerpo el que está ayudando a sanar al alma y recordar una vez más que el cuerpo muere, pero el alma trasciende.

EJERCICIO Nº 11: TUS ENFERMEDADES HAN SIDO MAESTRAS. MEDITACIÓN CON EL ARCÁNGEL RAFAEL

Para realizar los ejercicios contenidos en este libro, te invito a copiar y hacer click en este link:

https://angelesentuvida.angelicabovino.mx/medicina-espiritual-meditaciones

O puedes acceder por medio de este QR:

3
IDENTIFICAR EL ORIGEN DE NUESTRO SÍNTOMA

«Tu cuerpo no es tu enemigo, sino tu fiel aliado. Ha estado programado por tu alma para reaccionar en esa precisa forma, en ese preciso instante. Pon atención a su guía».

Del libro de Emmanuel, canalizado por Pat Rodegast

UBICANDO EL SÍNTOMA EN NUESTRO CUERPO ESPIRITUAL

Nuestro cuerpo es una gran pantalla que nos muestra lo que el alma requiere sanar.

Ubicar al síntoma, no nada más en nuestro cuerpo físico, sino también en el cuerpo espiritual, nos va a dar mucha información sobre su origen y lo que se requiere sanar. Dónde está ubicado en el cuerpo físico, con qué chakra se vincula, con qué aspectos de la vida está relacionado, a qué hemisferio corporal corresponde, etc.

Los ángeles me han mostrado que la enfermedad está relacionada con los aspectos acordes al chakra más cercano al síntoma. Es decir, podemos dividir al cuerpo en siete sectores diferentes de acuerdo a los 7 chakras principales y ubicar los diferentes órganos en el sector correspondiente. Normalmente, el aspecto a sanar tendrá que ver con los aspectos que rigen a dicho chakra.

Aunado a esto, podemos observar si el síntoma se encuentra en el lado femenino del paciente (izquierdo) o en el lado masculino (derecho), esto nos proporcionará una mayor información sobre su origen. El síntoma puede tener que ver con la capacidad del paciente de desarrollar los aspectos relacionados con la feminidad o masculinidad de la persona o bien, con aspectos relacionados ya sea con el padre y la madre o con alguna persona del sexo de que se trate.

Al ver el síntoma de esta manera, da la impresión de estar leyendo un libro que, de manera automática, ya nos está dando toda la información que necesitamos saber.

Por ejemplo, el colón tendrá que ver con el primer chakra, por lo tanto, con los aspectos materiales, la economía, la seguridad que siente en su vida… los pulmones tendrán que ver con el chakra corazón, los sentimientos, las relaciones, el amor. Recordemos que la enfermedad es la carencia de salud, por lo tanto, la enfermedad representa algún miedo, carencia o disfunción en estos aspectos.

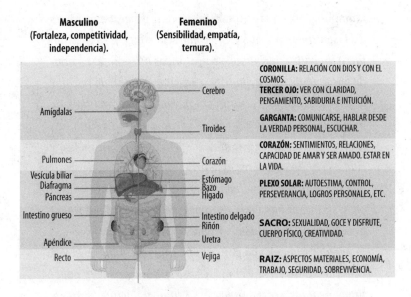

Masculino
(Fortaleza, competitividad, independencia).

Femenino
(Sensibilidad, empatía, ternura).

Cerebro

Tiroides

Corazón

Estómago
Bazo
Hígado

Intestino delgado
Riñón
Uretra

Vejiga

Amígdalas

Pulmones
Vesícula biliar
Diafragma
Páncreas

Intestino grueso

Apéndice

Recto

CORONILLA: RELACIÓN CON DIOS Y CON EL COSMOS.

TERCER OJO: VER CON CLARIDAD, PENSAMIENTO, SABIDURIA E INTUICIÓN.

GARGANTA: COMUNICARSE, HABLAR DESDE LA VERDAD PERSONAL, ESCUCHAR.

CORAZÓN: SENTIMIENTOS, RELACIONES, CAPACIDAD DE AMAR Y SER AMADO. ESTAR EN LA VIDA.

PLEXO SOLAR: AUTOESTIMA, CONTROL, PERSEVERANCIA, LOGROS PERSONALES, ETC.

SACRO: SEXUALIDAD, GOCE Y DISFRUTE, CUERPO FÍSICO, CREATIVIDAD.

RAIZ: ASPECTOS MATERIALES, ECONOMÍA, TRABAJO, SEGURIDAD, SOBREVIVENCIA.

En alguna ocasión, se me solicitó hacer una sanación a Elisa, una mujer de 59 años que tenía cáncer de páncreas. Al colocar las manos sobre su plexo solar, lo primero que sentí fue una energía muy discordante con el resto de su cuerpo; pedí a los ángeles que me mostraran su cuerpo energético y lo que vi fue un plexo solar (chakra relacionado) oscuro, opaco, empequeñecido y con muchos cordones energéticos[5] de aspecto desagradable que salían de él. Cuando pregunté al Arcángel Rafael qué me estaba comunicando, me dijo que la persona en cuestión tenía una lucha de poder constante con uno de sus hijos, me mostró una relación co-dependiente en la que ambos, madre e hijo, oscilaban entre el victimismo y la

---

5. Cordones energéticos (ganchos o lazos): Son lazos energéticos del ser inferior, se crean por envidias, ofensas, abusos, venganza o violencia. Normalmente se ven de color negro o gris oscuro; cuando somos clarisensibles duelen. Pueden estar dirigidos a cualquier parte del cuerpo, no necesariamente a los chakras. Cuando veas un cordón o lazo energético, pídeles a los ángeles que te muestren la situación que generó ese cordón.

manipulación, estas actitudes erróneas se generaban a través del resentimiento y culpa. Era como si la relación en cuestión fuera un baile interminable entre ambos integrantes en donde pasaban de ser victimarios a rescatar (culpa); de rescatar a sentirse víctimas (resentimiento), y de sentirse víctimas, de nuevo, a ser victimarios. Cuando se lo comenté a Elisa, me confirmó que uno de sus hijos (de 34 años) era alcohólico y ella, con el fin de querer ayudarlo y desde la culpa de sentir que no había sido una buena madre para él, se enganchaba en la situación buscando rescatarlo de la enfermedad y ayudándolo económicamente. Cada vez que ella se acercaba, él la agredía y la culpaba por su vida, convirtiéndose en el victimario y Elisa en la víctima, ella se sentía agredida y adoptaba medidas «castigando» a su hijo de alguna manera, retirándole el habla o la ayuda económica, hasta que, finalmente, el hijo se convertía nuevamente en la víctima de la mamá, culpándola de tener una vida tan desdichada. Estaban metidos en un círculo vicioso que no tenía fin.

El Arcángel Rafael me explicó con mucha claridad que esto no quería decir que el hijo fuera culpable de la enfermedad de la madre; lo que estaba enfermando a la madre no era el hijo, sino la forma de relacionarse con él.

El cáncer ya estaba muy avanzado y el pronóstico de vida para Elisa no era muy favorable, el Arcángel Rafael le indicó que debía de trabajar en ella, en su paz, en perdonarse a sí misma por todas las veces que sentía que había fallado como madre, en observar en qué aspectos sí había estado presente para sus hijos y reconocer que en todo momento había dado lo mejor de sí. En cuanto a su hijo, el Arcángel Rafael le dijo que ella había dado a cada uno de sus hijos la misma educación, los mismos valores, el mismo amor; y al final, lo que cada uno hiciera con eso, ya era responsabilidad de ellos. Hicimos un ejercicio en donde ella, a través de una meditación, le entregaba a su hijo la responsabilidad de su vida, de su bienestar y de su economía. Los ángeles le pidieron a Elisa que dejara de bailar en esta danza interminable, que se mantuviera neutra a las acusaciones y agresiones de su hijo para que esos meses o años que le restaran de vida los pudiera vivir en paz.

TU CUERPO ES EL LIBRO DE TU VIDA

Amada mía:

Te has preguntado muchas veces cómo tu cuerpo se comunica contigo, cómo es que te habla constantemente. Mi niña, tienes que entender que tu cuerpo es la voz de tu ser, a través de tu cuerpo es tu alma quien se expresa. Tu cuerpo te hará saber a cada momento aquello que tu alma necesita, te mostrará con toda claridad qué palabras dejaste de expresar, qué acciones dejaste de tomar, qué sentimientos dejaste de sentir.

Tu cuerpo es el libro de tu vida, en él se encuentra escrita tu historia, tus dolores, tus miedos, tus alegrías y tus amores. En él están también tus creencias, tus aprendizajes y tus bloqueos.

Aprende a observar y a amar tu cuerpo y conocerás todavía más las profundidades de tu ser.

Tu cuerpo es la brújula de tu alma, aprende a escucharlo y encontrarás un verdadero tesoro de amor, sabiduría y compasión que ya se encuentra dentro de ti.

Con todo mi amor,

Arcángel Rafael

IDENTIFICANDO EL ORIGEN DE ACUERDO A LA FUNCIÓN DEL ÓRGANO

Otra de las formas de entender el origen de la enfermedad de acuerdo al síntoma es entendiendo la función del órgano. Nos basamos en la Ley de correspondencia, en la premisa de que todo lo externo es un reflejo de lo interno y viceversa. De esta forma entendemos que lo que no está funcionando adentro (enfermedad), tampoco funciona afuera (individuo en su entorno).

Para esto tendríamos que plantearnos las siguientes preguntas: ¿Cuál es el órgano afectado? ¿Cuáles son las funciones del órgano? ¿De qué manera la enfermedad le impide al órgano realizar sus funciones?... y traducir todo esto al individuo y su entorno. ¿Cómo es que el individuo está dejando de realizar esa función en particular en su vida diaria? ¿Cuáles son los obstáculos que no le permiten realizar la función? ¿Cuáles son los miedos que está enfrentando para realizarla?

A continuación, enlisto algunos órganos, sus funciones, las posibles enfermedades que pudieran presentar y la afirmación de la función que realizan.

ÓRGANOS, FUNCIONES Y ENFERMEDADES

ÓRGANO	FUNCIÓN	POSIBLES ENFERMEDADES	AFIRMACIÓN DE LA FUNCIÓN
BAZO	Órgano de defensa, destruye las células rojas, asimila y depura la sangre.	Esplenomegalia, linfoma esplénico, anemia hemolítica, enfermedad de Gaucher, enfermedad de Hodgkin, púrpura trombocitopénica idiopática, hiperesplenismo, enfermedad de Niemann-Pick, sarcoidosis y leucemia.	Yo discierno / yo depuro

ÓRGANO	FUNCIÓN	POSIBLES ENFERMEDADES	AFIRMACIÓN DE LA FUNCIÓN
CEREBRO	Es el centro de control del cuerpo y se encarga de procesar la información, controlar el pensamiento, las emociones y las funciones corporales.	Enfermedad de Alzheimer, accidente cerebrovascular, tumores cerebrales, epilepsia, enfermedad de Parkinson, esclerosis múltiple, encefalitis, enfermedad de Huntington, esquizofrenia, meningitis.	Yo pienso / yo dirijo
CORAZÓN	Es el órgano encargado de bombear la sangre a través del sistema circulatorio, suministrando oxígeno y nutrientes a todo el cuerpo.	Infarto de miocardio, insuficiencia cardiaca, arritmia, cardiopatía congénita, enfermedad arterial coronaria, hipertensión arterial, valvulopatía, miocardiopatía, endocarditis, angina de pecho.	Yo vivo
ESTÓMAGO	Se encarga de la digestión de los alimentos y la liberación de enzimas para descomponerlos.	Gastritis, úlcera péptica, enfermedad por reflujo gastroesofágico, cáncer de estómago, enfermedad celíaca, síndrome del intestino irritable, enfermedad inflamatoria intestinal, diverticulitis, poliposis gastrointestinal y gastroparesia.	Yo digiero
HÍGADO	Realiza múltiples funciones como la producción de bilis para la digestión de las grasas, el almacenamiento de nutrientes y la desintoxicación del cuerpo.	Hepatitis viral, cirrosis hepática, esteatohepatitis no alcohólica (EHNA), enfermedad del hígado graso alcohólico (EHGA), hepatitis autoinmune, hemocromatosis, enfermedad de Wilson, colangitis esclerosante primaria, carcinoma hepatocelular y enfermedad hepática alcohólica.	Yo proceso

ÓRGANO	FUNCIÓN	POSIBLES ENFERMEDADES	AFIRMACIÓN DE LA FUNCIÓN
HUESOS	Proporcionan estructura, protección y soporte al cuerpo, así como la producción de células sanguíneas.	Osteoporosis, artritis, fracturas óseas, osteoartritis, osteomalacia, osteosarcoma, enfermedad de Paget, osteonecrosis, osteogénesis imperfecta y osteomielitis.	Yo sostengo / yo estructuro
INTESTINO DELGADO	Se absorben los nutrientes de los alimentos.	Enfermedad celíaca, enfermedad de Crohn, síndrome del intestino irritable, obstrucción intestinal, enfermedad de Whipple, enfermedad inflamatoria intestinal, diverticulitis del intestino delgado, linfoma intestinal, enfermedad de Behçet y síndrome de malabsorción.	Yo absorbo / yo me nutro
INTESTINO GRUESO	Se eliminan los desechos de los alimentos.	Enfermedad inflamatoria intestinal, diverticulitis, colitis ulcerosa, enfermedad de Crohn, cáncer de colon, pólipos intestinales, obstrucción intestinal, síndrome del intestino irritable, colitis isquémica y colitis microscópica.	Yo libero / yo suelto
LENGUA	Hidratación de los alimentos, interviene en el lenguaje, sentido del gusto.	Aftas, candidiasis oral, leucoplasia, glositis, úlceras bucales, halitosis, parestesia lingual, síndrome de la lengua geográfica, carcinoma de lengua y macroglosia.	Yo saboreo

ÓRGANO	FUNCIÓN	POSIBLES ENFERMEDADES	AFIRMACIÓN DE LA FUNCIÓN
MAMA	Producir leche para alimentar al bebé después del nacimiento.	Cáncer de mama, mastitis, fibroadenoma, quistes mamarios, enfermedad fibroquística de la mama, adenosis esclerosante, enfermedad de Paget de la mama, papiloma intraductal, carcinoma lobular in situ e hiperplasia atípica.	Yo nutro
MÚSCULOS	Producen los movimientos del cuerpo, mantienen la estructura corporal, otorgan estabilidad y fuerza.	Distrofia muscular, miopatía, calambres musculares, fibromialgia, rabdomiólisis, miositis, síndrome compartimental, debilidad muscular generalizada, atrofia muscular y contracturas musculares.	Yo muevo
OÍDO	Provee equilibrio y audición en el cuerpo.	Otitis, pérdida de audición, tinnitus, laberintitis, otitis media, otitis externa, hipoacusia, presbiacusia, otosclerosis y neuritis vestibular.	Yo escucho / yo mantengo el equilibrio
OJOS	Encargados de detectar la luz y transformarla en impulsos nerviosos que viajan a través de las neuronas para ser procesados por el cerebro.	Miopía, hipermetropía, astigmatismo, presbicia, cataratas, glaucoma, degeneración macular, conjuntivitis, queratitis, estrabismo y ojo seco.	Yo veo
OVARIOS	Encargados de segregar hormonas sexuales femeninas y óvulos.	Quistes ováricos, endometriosis, síndrome de ovario poliquístico, tumores ováricos, torsión ovárica, enfermedad inflamatoria pélvica, disfunción ovárica, cáncer de ovario, quiste dermoide y síndrome de Turner.	Yo creo (de crear)

ÓRGANO	FUNCIÓN	POSIBLES ENFERMEDADES	AFIRMACIÓN DE LA FUNCIÓN
PÁNCREAS	Produce enzimas digestivas y hormonas como la insulina, que regula los niveles de azúcar en la sangre.	Pancreatitis aguda, pancreatitis crónica, cáncer de páncreas, quistes pancreáticos, diabetes tipo 1, insuficiencia pancreática, exocrina, tumores neuroendocrinos pancreáticos, pancreatitis autoinmune, fibrosis quística relacionada con el páncreas y adenocarcinoma intraductal papilar mucinoso.	Yo controlo
PENE	Sirve para copular y para la excreción urinaria.	Balanitis, fimosis, enfermedad de Peyronie, priapismo, cáncer de pene, infecciones de transmisión sexual como la gonorrea, sífilis, herpes genital, verrugas genitales y candidiasis.	Yo gozo / yo entrego
PIEL	Es el órgano más grande del cuerpo y actúa como barrera protectora contra infecciones y daños.	Dermatitis atópica, acné, psoriasis, rosácea, urticaria, vitiligo, eccema, queratosis actínica, verrugas, molusco contagioso.	Yo protejo
PRÓSTATA	Proteger y nutrir a los espermatozoides.	Hiperplasia prostática benigna, prostatitis, cáncer de próstata, prostatodinia, prostatitis crónica, agrandamiento de la próstata, prostatitis bacteriana, prostatitis no bacteriana y prostatitis aguda.	Yo genero

ÓRGANO	FUNCIÓN	POSIBLES ENFERMEDADES	AFIRMACIÓN DE LA FUNCIÓN
PULMONES	Permiten la respiración, tomando oxígeno del aire y eliminando dióxido de carbono.	Neumonía, asma, enfermedad pulmonar obstructiva crónica (EPOC), fibrosis pulmonar, tuberculosis, enfermedad pulmonar intersticial, enfisema, bronquitis crónica, cáncer de pulmón, síndrome de dificultad respiratoria aguda (SDRA).	Yo respiro
RIÑONES	Filtran la sangre eliminando los desechos y el exceso de líquido para producir orina.	Insuficiencia renal, enfermedad renal crónica, infecciones del tracto urinario, cálculos renales, nefritis, enfermedad poliquística renal, glomerulonefritis, enfermedad renal diabética, enfermedad renal por lupus, y enfermedad renal hereditaria.	Yo filtro / yo estoy en balance
TESTÍCULOS	Encargado de la producción de hormonas sexuales masculinas y espermatozoides.	Cáncer de testículo, epididimitis, torsión testicular, varicocele, hidrocele, orquitis, criptorquidia, espermatocele, tumor de células de Leydig y tumor de células de Sertoli.	Yo proveo
TIMO	Sistema inmunológico	Timoma, miastenia gravis, hipoplasia del timo, timitis, carcinoma de timo, hiperplasia del timo y timoectomía.	Yo defiendo

ÓRGANO	FUNCIÓN	POSIBLES ENFERMEDADES	AFIRMACIÓN DE LA FUNCIÓN
ÚTERO	Alberga y da asilo al bebé.	Fibromas uterinos, endometriosis, pólipos uterinos, adenomiosis, cáncer de útero, hiperplasia endometrial, malformaciones uterinas, enfermedad inflamatoria pélvica, síndrome de Asherman y displasia cervical.	Yo cobijo / yo albergo
VAGINA	Sirve como canal para dar salida a la menstruación; en el parto, al bebé, y para recibir al pene en las relaciones sexuales.	Infecciones por hongos, vaginosis bacteriana, enfermedades de transmisión sexual como la clamidia, gonorrea, tricomoniasis, herpes genital, sífilis, verrugas genitales, vaginitis, liquen escleroso y liquen plano.	Yo recibo / yo conduzco / yo gozo
VEJIGA	Es la encargada de recibir la orina y expulsarla a través de la uretra.	Infecciones de vejiga, cistitis intersticial, cálculos en la vejiga, vejiga neurogénica, incontinencia urinaria, vejiga hiperactiva, cistitis hemorrágica, divertículos de la vejiga, enfermedad de la vejiga dolorosa y cáncer de vejiga.	Yo conduzco

Margarita es Angeloterapeuta certificada de Ángeles en tu Vida (mi institución) y alumna de varios de mis cursos, ella perdió a uno de sus hermanos tres años atrás y, por diversas circunstancias, no pudo vivir el duelo correspondiente. Desde niña, ella se acostumbró a ser la fuerte, la que veía por sus hermanos, la que los cuidaba. Un tiempo después de la muerte de su hermano, Margarita desarrolló una afección llamada hipertensión pulmonar, algunos de los

síntomas de esta afección son dificultad para respirar, ma-
reos y desmayos. Recuerdo que, en uno de mis cursos, cuan-
do Margarita mencionó su enfermedad, lo que me llegó a
nivel intuitivo fue: ¿Por qué te quieres ir con tu hermano?
¿Por qué sientes que al morir él tú no mereces vivir? Y es
que los pulmones, al igual que el corazón, son la fuente de
la vida, si no respiramos, simplemente morimos. Al plati-
car un poco más a fondo con ella, surgió que, inconsciente-
mente, se sentía culpable por no haber «cuidado bien» de
su hermano (aunque él ya fuera un adulto cuando murió).
Hicimos un ejercicio hermoso en donde ella conectó con su
hermano, honró su partida, cortó lazos con el deseo incons-
ciente de irse con él y se afirmó a sí misma en la vida, re-
conociendo todas las bendiciones que hay para ella en este
mundo.

ABRIR LOS CANALES INTUITIVOS

Siempre que estemos en el proceso de entender el origen de la
enfermedad para sanarlo, podemos pedir guía de nuestros ángeles
y guías espirituales. Al hacerlo, ellos nos llevan al origen de la enfermedad, mostrándonos, a través de los canales intuitivos (clarividencia, clariaudiencia, clarisensibilidad y clariconocimiento), el
momento justo en que se generó la enfermedad, el detonador de la
misma y el significado que tiene en la vida de la persona, así como
el sentimiento a sanar.

Para este trabajo en general podemos pedir la asistencia del
Arcángel Rafael, quien es el arcángel médico y del Arcángel Jeremiel quien nos ayuda a hacer revisiones de vida y a entender los
patrones que nos llevan a realizar ciertas conductas; en este caso

en particular nos permitirá ver con claridad la serie de eventos que nos llevaron a desarrollar la enfermedad en cuestión.

Para realizar esta conexión y recibir guía divina basta con una meditación, cerrar los ojos, callar a la mente, pedir la guía divina, abrir el corazón y confiar en lo que se recibe.

ESCUCHA A TU CUERPO: EL SÍNTOMA ES LA VOZ DEL CUERPO

Uno de los ejercicios que más me gusta de la Psicoterapia Gestalt (una de mis especialidades) es el trabajo de síntomas. Consiste en un proceso terapéutico, mediante el cual el enfoque no se centra solamente en eliminar el síntoma, sino en entender el significado y función de este en la vida del paciente. Los síntomas son la manera en que el ser se está expresando y más que una amenaza, representan un aliado en la sanación profunda de la persona.

A través de la atención hacia el propio cuerpo se ubica el síntoma, se focaliza, se engrandece y se personifica, a este o al órgano, para sostener una especie de conversación con él. El terapeuta hace las preguntas y el consultante responde, dándole voz al órgano o sistema afectado. Algunas de las preguntas que se le hacen al órgano o a la enfermedad misma son ¿cuál es tu función?, ¿qué es lo que no te permite funcionar correctamente?, ¿para qué enfermaste?, ¿qué me quieres mostrar? ¡Son increíbles las respuestas que se obtienen y dan mucha claridad al paciente!

En la Angeloterapia, hacemos este proceso con ayuda de los ángeles, son los ángeles los que nos muestran al órgano afectado y los que dan las respuestas. Es por eso que, cuando se trata de escuchar al cuerpo y de entender el porqué y el para qué de la enfermedad, siempre les pido a mis estudiantes de Angeloterapia que utilicen su intuición; el cuerpo habla a través de sus síntomas y cada cuerpo es diferente, así como cada síntoma. Cada cuerpo tendrá su código de expresión; esto quiere decir que, un mismo síntoma en dos cuerpos distintos, puede significar cosas muy diferentes.

Tengo síndrome del intestino irritable. Había momentos en que el dolor de colitis era terrible, tanto que no me dejaba dormir. Probé de todo, médicos, tratamientos, medicina alternativa, homeopatía, todo lo que estaba a mi alcance. Por momentos mejoraba, pero eventualmente, aunque cuidaba mucho mi alimentación, terminaba regresando a la inflamación y al dolor. Muchas veces me pregunté ¿qué más puedo hacer?, ¿cómo puedo ayudar a mi cuerpo a no desencadenar todo esto?

Como siempre lo hago en mi vida, pedí ayuda a mi amado Arcángel Rafael, él con su paciencia y sabiduría me mostró que la colitis no estaba aquí para enfermarme, sino para ayudarme a sanar. Estaba como una maestra de vida para llevarme a una vida más plena y saludable en todos los aspectos… Y sí, cuando lo entendí, comprendí que la colitis no era mi enemiga, sino mi aliada, que estaba aquí para enseñarme a autorregular mi estrés, mis emociones y mis hábitos; cuando empecé a ver lo que había detrás de la enfermedad, pude vivirla de una manera diferente, pude entender lo que me estaba mostrando que tenía que sanar en mí, pude trabajar holísticamente y con esto lograr una sanación mucho más profunda. Hoy sé que cuando la colitis aparece hay algo en mi sistema que se está saliendo de control, es como un termómetro que me indica que hay algo mal que tengo que corregir.

APRENDE A ESCUCHAR A TU CUERPO

Amada mía:

¡Shhh! Quédate en silencio unos minutos, aplaca a tu mente, abre tu corazón y utiliza tu intuición, no para escucharme a mí, como lo has hecho tantas veces, sino para escucharte a ti misma, para escuchar a tu cuerpo.

Tu cuerpo es más sabio de lo que tú crees, cuando duele, cuando se inflama o cuando enferma, está tratando de decirte algo, quizá esté tratando de señalarte un problema aún mayor. No calles a tu cuerpo con la primera medicina que encuentres para calmar el síntoma, tú crees que con esto estás sanando a tu cuerpo, pero no es así. Cuando acallas tus síntomas, cuando no te permites escuchar a tu cuerpo, es como si quisieras tapar con un dedo el sol, es como ponerle un chupete a un bebé que no quieres que siga llorando, aunque desconozcas la razón de su llanto.

La próxima vez que tu cuerpo te hable, siéntate a escucharlo, pregúntale ¿qué le pasa? ¿Qué está tratando de comunicarte? ¿Qué necesitas en realidad? Y... ¡hazte caso! Prioriza la satisfacción de tus necesidades. Entre más te acostumbres a escuchar a tu cuerpo de esta manera, te darás cuenta que menos síntomas y enfermedades tendrás. Tu cuerpo ya no tendrá que gritarte lo que necesita, quizá con un susurro bastará para que lo escuches.

Pide nuestra ayuda y nuestra asistencia para facilitarte esos momentos de paz para que puedas escuchar a tu cuerpo, estaremos gustosos de acompañarte.

Con todo nuestro amor,

Arcángel Rafael y su legión de ángeles

EJERCICIO Nº 12: IDENTIFICANDO EL ORIGEN DE LA ENFERMEDAD. MEDITACIÓN CON EL ARCÁNGEL RAFAEL

Para realizar los ejercicios contenidos en este libro, te invito a copiar y hacer click en este link:

https://angelesentuvida.angelicabovino.mx/medicina-espiritual-meditaciones

O puedes acceder por medio de este QR:

4
BUSCANDO LA SANACIÓN

El verdadero problema al que nos enfrentamos cuando tenemos una enfermedad es que, cuando tenemos un síntoma o padecimiento, no se ve una entidad completa y se busca una sanación focalizada. La medicina alópata, a la que nos hemos acostumbrado en la edad moderna, se centra en la sanación de una parte específica del cuerpo, solamente observa el órgano o el sistema que está fallando y esto da como resultado que, en ocasiones, los medicamentos o tratamientos específicos dados por la medicina tradicional causen reacciones secundarias o adversas en el individuo. Coloquialmente se diría «resultó peor el remedio que la enfermedad».

En mi caso, tengo una horrible reacción a los medicamentos antihistamínicos. A diferencia de la mayoría de las personas, que les adormece, a mí me vuelven hipersensible. Cuando he tomado estos medicamentos para la gripa, el resfriado o las alergias, me altero porque mis sistemas de oído, tacto y olfato se enaltecen, haciendo que oiga, sienta y huela en exceso. Esta sensación es tan desagradable que puede llegar a producirme ansiedad, por lo tanto, prefiero quedarme con los síntomas de la gripa y el resfriado antes que tomar un antihistamínico.

La medicina alópata solamente se centra en el cuerpo físico, sin tomar en cuenta al cuerpo mental, emocional y energético. Cuando esto sucede, la sanación queda incompleta. La realidad es que, si no sanamos el origen de la enfermedad, aunque el cuerpo físico sane, podemos recaer fácilmente en esta.

Un gran amigo, Fernando, tuvo cáncer en el hígado. Pasó por una operación para extirpar el tumor y un tratamiento de quimios y radiaciones. Finalmente, un tiempo después, nos anunció que ya lo habían dado de alta, que ya estaba curado. En alguna ocasión, platicando con él, le pedí que revisara el origen de la enfermedad, que fuera hacia adentro para revisar sus miedos, su ira, el enojo y, mientras se lo decía, me venía, desde un lugar intuitivo, el pensamiento de «la vida es injusta para mí». Desgraciadamente, él estaba cerrado y no estaba dispuesto a llevar a cabo el trabajo emocional, energético y/o mental que requería. Tristemente, cinco años más tarde, el cáncer de hígado regresó de manera fulminante.

Eso es justo lo que sucede si no sanamos los demás cuerpos. Cuando no curamos el origen de la enfermedad, corremos el riesgo de que, aun sanando el cuerpo físico, se tenga una recaída. Repito, cuando no vemos la totalidad de nuestro cuerpo físico y de nuestro ser, es decir, de los cuatro cuerpos que lo componen, corremos el riesgo de recaer o de que lo que alma tenga que expresar, termine buscando otra salida en nuestro cuerpo.

Es por eso que, cuando aparece un síntoma o una enfermedad, debemos buscar una sanación más holística para la misma. No nada más buscarla a nivel físico, sino de forma integral para que nos permita sanar en todos los niveles.

Y con esto no quiero decir que la medicina alópata no sirva, al contrario, como ya lo he dicho, es gracias a esta que hemos extendido el promedio de vida del ser humano y que hoy podemos gozar de una mayor calidad de vida en muchos sentidos; lo que quiero expresar es que necesitamos ser responsables de nosotros mismos y buscar un complemento que nos permita sanar lo que la medicina alópata está dejando fuera del juego.

Hace algunos meses, tuve la fortuna de acompañar a Isabel en un hermoso proceso de sanación. En ese momento, ella estaba finalizando sus estudios universitarios y trabajaba en una empresa donde exigían mucho más de lo que podía dar, a cambio de una remuneración muy baja y sin recibir ningún tipo de reconocimiento. Además, en su vida personal, estaba pasando por un duelo tras haber terminado una relación de 5 años que, aunque al principio fue bonita, había afectado su autoestima y su valor propio en los últimos meses. A nivel físico se sentía mal, estaba muy estresada, tenía amenorrea (ausencia de menstruación), había ganado peso, se sentía hinchada, mareada, con dolores de cabeza y con un malestar general continuo.

Isabel tenía dos grandes proyectos en puerta: correr un maratón y solicitar una maestría en el extranjero. Desafortunadamente, no tenía la energía suficiente para llevarlos a cabo. Además, a nivel energético, su aura estaba contraída y presentaba bloqueos en los chakras raíz, sacro, plexo solar y corazón.

Durante la terapia, el Arcángel Rafael instruyó a Isabel que abordara este problema simultáneamente desde diferentes niveles. A nivel físico, le recomendó visitar a un endocrinólogo para trabajar en el equilibrio hormonal.

También le aconsejó retomar la terapia psicológica para trabajar en su autoestima, superar el duelo y brindarle un espacio seguro para expresarse. Por supuesto, también trabajamos en su sistema energético para realinear sus chakras y limpiar su cuerpo energético. El Arcángel Rafael le sugirió algunos cambios, como mejorar su alimentación, consumiendo alimentos naturales y evitando los alimentos procesados. También le recomendó meditar diariamente y buscar la paz en su corazón. Por último, le indicó que debía considerar cambiar de trabajo, aunque esto parecía una opción lejana para Isabel, ya que su actual empleo le ofrecía la posibilidad de trabajar de forma remota si decidía realizar la maestría. Sin embargo, el Arcángel Rafael le aseguró que se abrirían nuevos caminos para ella.

Isabel siguió todas las instrucciones al pie de la letra. Durante la terapia realizamos una sanación energética, desbloqueando los chakras correspondientes y elevando la frecuencia de todo su sistema energético en general. También acudió al endocrinólogo, quien le proporcionó un tratamiento para regular sus hormonas. Retomó la terapia psicológica para seguir trabajando en su autoestima y tener un espacio seguro para superar su duelo. Hizo los cambios necesarios en su alimentación y se comprometió a meditar todos los días. Finalmente, se abrió a la posibilidad de cambiar de trabajo y solicitó un puesto en una empresa que tenía una oficina filial en la misma ciudad donde deseaba realizar su maestría.

Hoy en día, Isabel está muy bien. Se reconoce y se ama a sí misma. Sabe que es una persona excepcional, llena de vida y con un gran camino por delante. Físicamente, se siente mucho mejor. Sus hormonas están equilibradas y su cuerpo funciona a la perfección. Está menos hinchada, ha perdido peso y se siente más cómoda con su cuerpo. Logró correr el maratón y ahora sabe que es capaz de lograr cualquier cosa que se proponga en la vida. También pudo obtener la beca para la maestría y tiene un nuevo trabajo donde se siente reconocida, gana más dinero y podrá continuar trabajando en las oficinas de la empresa mientras realiza sus estudios de maestría.

EJERCICIO Nº 13: SANACIÓN INTEGRAL A MI ENFERMEDAD O SÍNTOMA. MEDITACIÓN CON ARCÁNGEL RAFAEL

Para realizar los ejercicios contenidos en este libro, te invito a copiar y hacer click en este link:

https://angelesentuvida.angelicabovino.mx/medicina-espiritual-meditaciones

O puedes acceder por medio de este QR:

SANAR HOLÍSTICAMENTE

Cuando hablamos de una sanación holística, estamos hablando de ver a la persona como un todo integrado, como una sola entidad. El enfoque holístico busca comprender las interacciones y conexiones entre las diferentes partes de un sistema y cómo influyen en su funcionamiento global. En este contexto, se valora la importancia de abordar los aspectos físicos, mentales, emocionales y espirituales de una persona o situación para lograr un equilibrio y bienestar general.

Existen pocas alternativas que ofrezcan este tipo de sanación totalmente holística, es por eso por lo que, cuando hablamos de buscar una sanación profunda, depende de cada uno de nosotros el buscar abarcar y profundizar en cada uno de los rubros.

No existe un solo camino para lograr la sanación, ni tampoco existe una senda correcta. Cada persona deberá elegir sus caminos, aquellos que les hagan sentido, que vayan de acuerdo con sus creencias, que se adecúen a sus necesidades, pero, sobre todo, aquellos caminos que, en realidad, le ayuden a sanar.

Sanar el cuerpo físico

Cuando un síntoma aparece en el cuerpo físico es necesario trabajarlo en ese nivel. Independientemente de que se profundice en la sanación del origen de la enfermedad a nivel emocional, de que se cuestionen las creencias a nivel mental o de que se retiren los bloqueos energéticos, se requiere curar al cuerpo físico.

Recordemos que los cuatro cuerpos están íntimamente ligados, por lo que será muy probable que, al trabajar el cuerpo emocional, energético o mental, favorezcamos de manera contundente al cuerpo físico, sin embargo, no debemos de perder de vista el hecho de que no ver o no cuidar al cuerpo físico adecuadamente, podría traducirse en un factor importante para que la sanación holística que estamos buscando no se concrete.

Cuando estamos hablando de un síntoma menor, como un dolor de cabeza, una diarrea o una gripa, quizá pueda desaparecer una vez que hayamos entendido el mensaje que vino a traernos. Sin embargo, lo más seguro es que enfermedades más complejas requieran de un tiempo y un proceso mayor para ser sanadas en totalidad.

En noviembre del 2018 falleció mi padre, a pesar de lo difícil que resultó ese momento para mis hermanos y para mí, fue hermoso poderlo acompañar en su agonía y poder estar para él en sus últimos momentos. Mi papá vivía en otra ciudad, por lo que una de mis hermanas y yo tuvimos que trasladarnos para acompañarlo; desde que llegamos al hospital y durante los cinco días que estuvimos en el proceso de su partida, yo tuve un dolor muy fuerte en el talón del pie derecho. Mientras estuvimos ahí intenté de todo, tomé medicamento para el dolor, me puse una pomada, me di masaje y hasta me compré zapatos nuevos, nada funcionó.

Fue hasta que regresé a la Ciudad de México, al ir con el fisioterapeuta, que sin querer me di una auto-terapia (cabe mencionar que el fisioterapeuta no cree en nada de esto). Al contarle lo sucedido, caí en la cuenta… ¡El dolor en el talón era el dolor de la pérdida de mi padre! El talón es el sustento y del lado derecho del cuerpo, es masculino… ¡Me dolía mi padre, me dolía perder mi sustento, mis raíces masculinas! Y ahí mismo, en el consultorio del fisioterapeuta me puse a llorar, lloré como una niña chiquita desconsolada; era un llanto que venía desde lo más profundo de mi ser, desde lo más recóndito de mi alma, no me podía calmar, las lágrimas solo brotaban y no las podía controlar. El pobre hombre (el fisioterapeuta) no sabía qué hacer, no sabía cómo ayudarme, ni contenerme; finalmente me abrazó y me dejó llorar en sus brazos (hoy lo escribo y hasta me da risa la escena). Finalmente, me calmé y el dolor del talón desapareció, aunque el dolor del corazón seguía, ya no necesitaba que me doliera el talón para verlo y dejármelo sentir. El fisioterapeuta no supo lo que hizo, pero al permitirme llorar en sus brazos, me ayudó a sanar.

Existen innumerables formas de curar el cuerpo. La más tradicional y conocida para nosotros es la medicina alópata que se basa en la ciencia y utiliza ingredientes activos o intervenciones físicas para tratar o suprimir los síntomas o los procesos fisiopatológicos de las enfermedades y, una vez más, tenemos que reconocer su eficacia y el hecho de que los avances científicos que se han tenido en ese campo son increíbles y nos han llevado a una mejor calidad de vida en muchos sentidos.

Sin embargo, existen otras ramas de la medicina alternativa que, de igual manera, en algunos casos nos pueden ayudar a salir adelante de una enfermedad. A continuación, enlisto algunas de ellas:

- **Homeopatía:** Es un sistema de salud que promueve la sanación integral de la persona. Se basa en el concepto de que lo similar sana lo similar, se basa en la disolución de sustancias de origen mineral, vegetal o animal que en un principio serían las que enfermarían a la persona, pero que, al ser utilizadas en una potencia ínfima, ayudan al paciente a restablecer el equilibrio en su cuerpo y a fortalecer su sistema inmune.

- **Acupuntura:** Es una forma antigua de medicina tradicional china. A través de la inserción de agujas en lugares específicos del cuerpo, el tratante busca restablecer el flujo de la energía Chi en los meridianos del paciente.

- **Herbolaria:** Se emplea el uso de plantas medicinales y sus derivados en forma de infusiones, extractos o suplementos para tratar diversas afecciones. Es una práctica que viene desde los tiempos prehistóricos y que puede variar de una cultura a otra.

- **Imanoterapia o biomagnetismo:** Es una técnica terapéutica que utiliza campos magnéticos para promover el equilibrio y la salud en el cuerpo. Consiste en la aplicación de imanes sobre el cuerpo o cerca de él para aprovechar sus propiedades magnéticas con el fin de influir en el flujo de la energía y los procesos biológicos del paciente, buscando restaurar el equilibrio energético y estimular la capacidad de autocuración del organismo.

- **Medicina funcional:** Se basa en integrar los diferentes sistemas del ser humano, identificar y abordar las causas fundamentales de la enfermedad. Se considera al individuo como un todo integrado y busca restablecer la salud y el equilibrio en todos los sistemas. Lo hace mediante la realización de pruebas de laboratorio, análisis de antecedentes médicos, estilo de vida y factores ambientales. El tratamiento consiste en modificar la alimentación, suplementos alimenticios, cambios en el estilo de vida, manejo del estrés y otras intervenciones.

- **Iridiología:** Es una técnica mediante la cual se observa el iris ocular para evaluar y diagnosticar diversas enfermedades. En muchas ocasiones el iridiólogo complementa su práctica con tratamientos de herbolaria u homeopatía.

- **Terapia de autocorrección o craneosacral:** Busca reactivar la memoria celular del cuerpo para que este recupere su balance; lo hace a través de tocar ligeramente ciertos puntos en el paciente que se relacionan con el órgano o sistema afectado.

- **Medicina cuántica:** Se basa en descubrimientos que se han hecho en los últimos años en los campos de la física y la mecánica cuántica. Trabaja a través de frecuencias energéticas emitidas por un aparato especializado como el Squio, Metatrón o Healy. Se fundamenta en que nuestro cuerpo físico nuestros órganos, sistemas y células son energía; cuando enferman, cambian su nivel de vibración. Este sistema envía frecuencias vibratorias específicas al órgano o sistema enfermo para ayudarlo a recuperar su balance, es decir, su salud. Cabe mencionar que estos sistemas trabajan holísticamente, proporcionando energías para los cuatro cuerpos. Se cree que esta es la medicina del futuro.

Existen infinidad de enfoques, ramas y técnicas adicionales a los ya mencionados, pero, ¿cómo saber cuál es el camino adecuado para nuestro caso particular? Siempre que requieras guía sobre qué camino tomar, cuál es el mejor tratamiento para tu enfermedad en particular o quién es el médico tratante que más te conviene, pide ayuda al Arcángel Rafael; pídele que te abra los caminos hacia aquel médico o sanador que te ayudará a regresar a la salud. Pídele señales para reconocer a los médicos y tratamientos adecuados, y que sea él quien actúe a través de ellos para lograr el objetivo de la curación.

Mi hija patinaba en hielo, sin duda, era su pasión. Entrenaba cuatro veces a la semana, durante tres horas;

competía a nivel nacional y casi toda su vida giraba en torno al patinaje artístico. Cuando tenía 13 años, tuvo una caída que la llevó a fracturarse la rótula y el ligamento cruzado en la rodilla izquierda. La llevamos con un médico ortopedista que, según nos habían dicho, era la eminencia, especialista en rodillas. El doctor tardó en atendernos, cuando lo hizo, dejó a la niña sentada en la camilla y se dirigió a nosotros, los padres, sin tomarla en cuenta; nos decía que tenía que operarla y, cuando mi hija, con su vocecita de niña, preguntó desde la camilla: «Doctor, ¿cuándo volveré a patinar?». Él contestó de manera tajante, cortante y poco empática: «¡Olvídate de eso! ¡No volverás a patinar jamás!».

Recuerdo cómo lloraba mi hija camino a casa, estaba inconsolable y, entre lágrimas, me decía: «Mamá, yo vivo del patinaje, ¡no me pueden hacer esto!». (Esta expresión me causó un poco de gracia, porque se usa para expresar que obtienes un sustento económico a partir de la actividad y estaba claro que ella no se refería a eso, pero sí efectivamente ¡vivía para patinar!). Cuando llegamos a casa nos sentamos a platicar, la verdad es que, aunque fuera una eminencia, a mí tampoco me había gustado el doctor, me enojó su falta de tacto y su rudeza al tratar a mi hija. Acordamos que buscaríamos una segunda y, si hacía falta, una tercera opinión.

Esa noche medité y le pedí al Arcángel Rafael que me guiara a encontrar al médico adecuado, le pedí expresamente que cerrara caminos erróneos y me abriera el camino correcto. También le pedí a una querida amiga pediatra que me recomendara ortopedistas que pudieran valorar su rodilla. Mi amiga me pasó los datos de cinco ortopedistas diferentes.

Al día siguiente me dispuse a llamar, el primero estaba fuera de México y no nos podía recibir hasta dos semanas después; la segunda no tenía citas disponibles; el tercero, ¡me contestó él el teléfono! Me dijo que normalmente no acudía a su consultorio los miércoles, pero que ese día estaba ahí porque tenía que hacer trabajo administrativo. Cuando le pregunté sobre cuándo podría recibir a mi hija, me dijo que tenía la agenda llena, pero dado que ya estaba en el consultorio, me preguntó que si la podría llevar en ese momento.

Desde ese momento, yo supe que él era el médico adecuado, sin embargo, las confirmaciones siguieron. Llegamos a verlo y, contrario al primer médico, cuando tuvo que explicar la fractura y el procedimiento no se dirigió a nosotros los papás, todo se lo explicaba a la niña... Y llegó el momento en que ella soltó la pregunta que seguramente era lo que más le preocupaba en ese momento: «Doctor, ¿cuándo volveré a patinar?». El doctor le contó que su hija también patinaba y se enrolaron en una animada conversación sobre patinaje artístico, pistas, competencias, patines y entrenadores; finalmente le prometió que regresaría a las pistas en máximo seis meses.

Acordamos que la operaría esa misma tarde. Cuando se la llevaba al quirófano, le dije: ¡Doctor, no va solo! Aludiendo a que los ángeles lo acompañaban. Cuando terminó la operación me preguntó por qué se lo había dicho y me confesó que siempre, antes de empezar una cirugía, se encomienda a su abuelo (quien también era médico) y a los ángeles. La operación fue un éxito y mi hija regresó a patinar. No dudé, en ningún momento, que el Arcángel Rafael nos guio al mejor médico para ella.

EJERCICIO Nº 14: PEDIR GUÍA SOBRE EL CAMINO PARA SANAR LA ENFERMEDAD. MEDITACIÓN CON EL ARCÁNGEL RAFAEL

Para realizar los ejercicios contenidos en este libro, te invito a copiar y hacer click en este link:

https://angelesentuvida.angelicabovino.mx/medicina-espiritual-meditaciones

O puedes acceder por medio de este QR:

Sanar pensamientos y emociones

Adentrarnos en la sanación de nuestro corazón y nuestra mente, de nuestros sentimientos y emociones, no es un trabajo fácil. Primero tenemos que enfrentar el miedo a lo que vamos a encontrar en el proceso. A mí se me figura como abrir una caja de Pandora en donde nunca sabes lo que va a salir.

Una vez que tenemos el valor de hacerlo, es necesario saber que no es un trabajo que se hace de la noche a la mañana, ni nos sanamos por arte de magia haciendo una meditación o en una sesión de terapia. Sanar se lleva su tiempo y, en ocasiones, cosas que creíamos que ya estaban sanadas, reaparecen para ser curadas en otro nivel, quizá, ahora, desde una nueva perspectiva.

Siempre que hablo de estos temas, me imagino una cebolla a la que le vas quitando capa por capa para llegar a su centro, su más profunda esencia.

SANAR EL CORAZÓN

Para poder sanar las emociones se requiere reconocerlas, sentirlas, procesarlas, expresarlas. Se requiere valentía y voluntad de abrir el corazón para revivir las diferentes situaciones que nos lastimaron, para dejarnos vivir esos sentimientos que, en su momento, evadimos o escindimos en aras de no sentir la incomodidad que nos generaron.

A veces creemos que sanar es quitar la emoción de nuestro sistema, queremos que llegue algún remedio o persona que desaparezca esa emoción, que la borre por completo. La realidad es que la única manera de sanar las emociones es atravesándolas, es dejándonos sentir la emoción, encontrar la necesidad que está detrás de ella y satisfacerla aun cuando la emoción haya surgido en otro momento de nuestras vidas y la necesidad aparentemente ya no sea la misma. (La realidad es que la necesidad no satisfecha de la emoción sigue rondando y seguimos atrayendo y recreando situaciones en nuestra vida que la ponen sobre la mesa para ser sanada, es así como se forman algunos patrones de conducta).

Sanar al niño interior

Un claro ejemplo de esto son nuestras heridas primarias; estas heridas se forman en nuestro ser a una edad muy temprana en la infancia y tienen que ver con el sentimiento no expresado, ya sea porque no podíamos o porque no tuvimos las herramientas para nombrarlo y procesarlo. Normalmente, estas heridas son generadas, sin querer, por los mismos padres o por adultos que están a cargo de los menores. En la edad adulta, la persona sigue recreando situaciones similares inconscientemente como una manera de «componer» lo que estaba «descompuesto».

Lupita llegó a mi consultorio con la firme intención de trabajar un patrón que seguía en sus relaciones. En sus últimas tres relaciones había pasado lo mismo, había tenido parejas que abusaban de su buen corazón, que, con el paso del tiempo, terminaban viviendo con ella y a expensas de ella porque no trabajaban o perdían su trabajo durante la relación, además de que demandaban mucha atención y cuidado y, por si fuera poco, la terminaban tratando mal.

Guiada por mis ángeles, le pregunté a Lupita ¿cómo había sido la relación con su padre?, ¿cómo la había vivido? Lupita me expresó que nunca se había sentido amada por su padre, que él siempre condicionaba el amor, le pedía que hiciera muchas cosas por él: traerle el periódico, prepararle algún alimento, hacer tareas de la casa o inclusive, ya como adolescente, trabajar y llevar dinero. Al principio, el padre tenía algún gesto de cariño cuando ella hacía esas labores, pero ya que fue más grande, el padre le decía que era su obligación y la maltrataba verbalmente cuando ella no hacía lo que él quería.

Hicimos un trabajo hermoso, regresamos en el tiempo a decirle a su niña interior que no tenía que hacer nada para ganarse el amor de los demás, que no tenía que esforzarse tanto por atender a otros ni dar de más para ser merecedora de cariño y atención. Le hicimos saber que ella ya valía lo suficiente y que era digna de ser amada, así como era. Lupita entendió que estaba siguiendo un patrón; que, inconscientemente, su niña interior seguía buscando esa aprobación y amor de su padre ahora en los hombres que eran sus parejas, seguía haciendo cosas, quitándoles responsabilidades para ver, si ahora sí, lograba que la amaran.

Lupita finalmente entendió que debía de dejar de buscar ese amor en los hombres y empezar a darse ese amor ella misma, abrazar a su niña, darle el reconocimiento, apapacharla y hacerla sentir amada por quien era, no por lo que hacía.

Cuando su niña interior, sintiera y entendiera su propio valor y se sintiera finalmente amada y valorada, dejaría de atraer a su vida este tipo de hombres.

AMA A TU NIÑO INTERIOR

Queridos míos:

Los ángeles tenemos un especial afecto por los niños; sabemos que es, a esa corta edad, cuando reciben muchas de las lecciones que vinieron a aprender, y que es justo en la infancia cuando están y se sienten más vulnerables, siendo el momento en que necesitan más amor, contención, protección, paciencia y presencia.

Si tuvieran la capacidad de recordar con claridad momentos de su infancia, se darían cuenta de que los ángeles hemos estado con ustedes siempre, que los acompañamos cuando no se sentían capaces de lograr algo o cuando se sentían infelices porque los regañaron; en fin, en momentos cuando se sintieron abandonados, rechazados o abusados por los adultos que estaban a su alrededor, siempre estuvimos allí para abrazarlos, arroparlos con nuestras alas y ayudarlos a generar estrategias para trascender el dolor.

Para poder llegar a ustedes, nos disfrazamos de amigos imaginarios, los acompañamos en las horas de juegos, en la escuela y cuando no podían dormir pensando que un monstruo se escondía debajo de la cama. Si pones atención a tus recuerdos, seguro vendrán a tu mente momentos en que estuviste en peligro y no sabes cómo fue que te salvaste; recuerda cuando te caíste del árbol y saliste ileso o cuando ibas a tener ese terrible accidente en la patineta y alguien te detuvo de repente.

Los ángeles te ayudamos en la escuela, seguramente te dictamos alguna respuesta en un examen o te salvamos de que te cacharan copiando o haciendo algo indebido.

Estuvimos junto a ti en todas tus primeras veces: tu primera palabra, tu primer paso, tu primer sentón, tu primer día de clases, tu primer regaño, la primera vez que te enamoraste y tu primer beso… Siempre motivándote a que dieras ese paso, a que aprendieras, a que crecieras; siempre impulsándote para que lo volvieras a intentar y dándote esa ayuda adicional que seguramente necesitaste.

Los ángeles estuvimos junto a ti siempre que tuviste miedo, haciéndote sentir seguro y protegido.

Hoy los ángeles te pedimos que recuerdes a ese niño o niña hermosa que vive aún en tu corazón, al igual que nosotros lo hacemos, te invitamos a llenar a ese pequeño de amor incondicional, a abrazarlo con todas tus fuerzas y a que lo hagas sentir contenido y protegido por ti.

De la misma manera, te pedimos que, si tienes niños a tu alrededor, les enseñes que siempre están rodeados de ángeles que están dispuestos a ayudarlos y a apoyarlos en todo, pero sobre todo, que siempre están iluminando su corazón y llenándolo de amor incondicional.

Recuerda que, aunque ya hayas crecido, te seguimos acompañando en cada momento de tu vida.

Te amamos hoy y siempre,

Arcángel Sandalfón

Vivir los duelos

Sanar el corazón no se trata solo de trabajar a nuestro niño interior; tenemos por otro lado los duelos no elaborados. A lo largo de nuestra vida vamos teniendo pérdidas. Familiares o personas queridas que se van, ya sea porque mueren o porque deciden emprender un camino lejos de nosotros, pérdidas materiales, económicas, de un trabajo que era importante o simplemente de etapas que vamos superando en la vida.

A veces, postergamos el dolor que nos generan estas pérdidas. En aras de no sentirlo «lo encerramos», nos hacemos los fuertes o nos llenamos de actividades, distracciones o hasta adicciones para evadir el dolor.

Esto, al final se puede traducir de muchas formas: el dolor sigue ahí, pero va a buscar otra salida, a veces nos amargamos, nos deprimimos o cerramos nuestro corazón viviendo una vida gris y sin sentido. A veces este dolor termina encontrando una salida por medio de una enfermedad.

La única forma de sanar el dolor de un duelo es atravesándolo, es dejándote sentirlo en todas sus etapas: el shock, el dolor, el enojo, la aceptación, para, finalmente, superar el duelo. Quizá el vacío que deja la pérdida nunca se llenará de la misma manera, pero se puede aprender a vivir con ese huequito en el corazón y, aun así, encontrar la felicidad.

ENCONTRAR EL CONSUELO EN EL CORAZÓN DESPUÉS DE UNA PÉRDIDA

Queridos míos:

Sabemos, estamos conscientes, de lo doloroso que es para muchos de ustedes haber perdido a un familiar cercano, a una persona con la que se sentían profundamente vinculados y quien deja en su vida un gran vacío que es muy difícil, casi imposible, de volver a llenar. A partir del fallecimiento de un familiar se suscitan una serie de sentimientos que deben tener una salida o un flujo, que deben ser expresados y, como siempre, deben ser canalizados de una manera positiva.

Desde su perspectiva humana, el hecho de «perder» a un familiar les puede generar tristeza, enojo, rabia, incertidumbre, desconcierto. Todos estos sentimientos son generados a partir del apego y la resistencia al cambio; son sentimientos muy humanos y que no deben ser juzgados o reprimidos; simplemente al aparecer, deben ser vividos y hay que permitir que fluyan en la total y absoluta consciencia de que son parte de un proceso de duelo y desapego. Les recuerdo que la muerte es el regreso a casa, el volver a la fuente tras haber estado en esta vida, aprendiendo y compartiendo lo aprendido, evolucionando como almas, siendo cada vez seres más elevados.

La muerte es la separación del cuerpo físico que sirvió como vehículo al alma; es la transformación, la liberación del alma que prevalece aún después de la muerte.

Ahora bien, todos aquellos que despiden a un familiar viven el dolor de diferente manera. El dolor de perder a su ser querido estará presente, sin embargo, tú puedes elegir vivir ese dolor a través del sufrimiento, del apego y de la desesperanza, o puedes elegir ser consciente de que ese ser, amado profundamente por ti, ha trascendido, que está en el hogar, cerca de Dios, rodeado de ángeles y seres de luz que lo acompañan. Por lo mismo, puedes elegir vivir este dolor con la conciencia de que el duelo es un proceso, un camino que se recorre como una forma de honrar y de despedirse de aquellos que amamos y con la fe y la esperanza de que se seguirán reencontrando como almas.

Con esto, querido mío, no te digo que no vas a extrañar a ese ser que tanto amabas o que no te va a doler su partida, pero también te digo que encontrarás en el fondo de tu corazón el consuelo que tanto anhelas.

Te invito, amado mío, a que cada vez que extrañes a ese ser querido tuyo, generes en tu corazón una burbuja de luz y la llenes con todo aquello que te gustaría expresarle a tu familiar, para después, desde tu corazón, en una exhalación enviar esa burbuja hacia esa persona que tanto amas con la completa seguridad de que todo será recibido por su alma.

Acuérdate que nosotros, tus ángeles, te estamos acompañando, buscando aligerar la pesada carga que este proceso implica para ti; te abrazamos, te consolamos y susurramos lo mucho que te amamos a cada momento. Solo ábrete a recibir todo nuestro amor y consuelo.

En el amor más profundo y la compasión,

Arcángel Azrael

Resentimiento y perdón

A veces, lo que nos está bloqueando o enfermando tiene que ver con resentimientos del pasado, con dolor o enojos que fueron ocasionados en algún momento de nuestra vida por acciones de otros que nos lastimaron o nos dejaron marcados. A veces, guardamos estos resentimientos como una forma inconsciente de castigo hacia el otro, pero tenemos que entender que, al perdonar, no liberamos al otro, nos liberamos a nosotros mismos y, el perdonar a esa persona que te lastimó, no quiere decir que la quieres de regreso en tu vida ni que vas a ponerte en el mismo lugar para que te lastime de nuevo, simplemente estás dejando ir esos sentimientos de rencor que existen en tu corazón.

En ocasiones, la persona a la que tenemos que perdonar es a nosotros mismos, y es que nos juzgamos fuertemente por errores que cometimos en el pasado y nos sentimos culpables de situaciones que, muchas veces, no podríamos haber vivido de una manera diferente.

El Arcángel Zadkiel es el arcángel del perdón, él nos dice que la mejor forma de perdonar es viendo con compasión al otro (o a uno mismo, según sea el caso); es observar al otro desde sus creencias, limitaciones, sus propias heridas, para entender por qué actúo de la manera en que lo hizo, qué lo llevó a cometer esa falta que tanto nos lastimó. Este es un trabajo hermoso y cuando somos capaces de ver la herida del otro, cuando lo vemos con completa compasión, el perdón surge de manera automática.

Por otra parte, el Arcángel Zadkiel siempre nos muestra que estamos aquí como maestros y alumnos de otros, que todo lo que nos sucede en nuestra vida está aquí para traernos lecciones, para ayudarnos a crecer y a evolucionar. Esas situaciones en las que nos sentimos lastimados, son situaciones maestras que nuestra alma creó para enseñarnos algo, para mostrarnos nuestras virtudes y dones, para ayudarnos a desarrollar fortalezas y, sin duda, para ayudarnos a crecer. Depende de cada uno de nosotros aprender la lección y seguir adelante o seguirnos victimizando por la situación.

Hace algunos años, pertenecía a un grupo de «amigos» que constantemente hacían fiestas y reuniones, en este grupo estaba Lalo, un hombre que buscaba siempre hacerse el chistoso y ganarse la simpatía de los demás haciendo bromas o comentarios sobre otras personas y en varias ocasiones, yo fui el blanco de sus bromas. De verdad me dolía y me lastimaba el sentir que él se burlara de mí frente a otras personas (¡me parece increíble pensar que sufrí de bullying a los 40 años!), durante algunos meses dejé pasar este tipo de situaciones, porque realmente disfrutaba de las reuniones y de la compañía del resto del grupo; en algunas ocasiones fingía que no me importaba lo que esta persona dijera, en otras traté de ponerle un alto; pero lo que en realidad estaba sucediendo era que me estaba lastimando, estaba mermando mi autoestima y no me estaba sintiendo respetada por él, ni respaldada por el resto de los supuestos amigos, quienes no hacían nada por detener los comentarios hirientes de Lalo. Finalmente, decidí terminar la relación con este grupo, los ángeles me mostraron que ese no era mi lugar y que necesitaba respetarme y amarme a mí misma, retirándome definitivamente de ese grupo, expresando abiertamente cómo me sentía.

Durante algún tiempo sentí rencor por esta persona, me dolía haber sido la víctima de Lalo, me dolía saber que yo no había hecho nada para ser tratada de esa manera y, aun así, él constantemente me utilizaba como blanco para ganarse la atención y la aprobación de otros. Me enojaba sobremanera el recordar cómo había sido tratada por él, pero también el ver cómo los demás le seguían la corriente y no habían hecho nada para detenerlo. Pero también estaba enojada conmigo misma, ¿cómo fue que lo permití? ¿Cómo

*fue que me quedé en ese grupo a pesar de lo que estaba su-
cediendo?*

*Ese dolor rondaba constantemente mi corazón. Fi-
nalmente, en una meditación, el Arcángel Zadkiel me
mostró con toda claridad que esta persona era un maestro de vida que había venido a enseñarme sobre el respeto y el autorrespeto para ayudarme a fortalecer mi
autoestima y para sacarme de un lugar al que yo no pertenecía. El Arcángel Zadkiel me prestó sus ojos para que
lo viera desde la compasión. Lo que me mostró fue un
niño que no se sentía atendido ni querido que era blanco
de bromas y burlas en su escuela; ese niño, desde su propio dolor, eligió lastimar a otros, antes de ser lastimado;
de esa manera se protegía de todos aquellos quienes inconscientemente pudieran representar una amenaza
para él. ¡Uff! Cuando vi esta escena sentí mucha compasión por él, pude ver a ese niño herido y lastimado, un
niño con una autoestima chiquitita que se hacía grande
haciendo menos a los demás. Sentí pena por él y el perdón surgió por sí solo.*

*En esa misma meditación, el Arcángel Zadkiel me pidió
que me viera a mí misma con compasión, que me observara
en ese momento de mi propia historia. Estaba recién divor-
ciada y me sentía por momentos muy sola, me mostró que
desde mi deseo de sentirme acompañada y querida por otros,
me había quedado más tiempo del necesario en ese supuesto
grupo de amigos. Cuando lo entendí, pude perdonarme por
haberlo permitido.*

*Finalmente, pude perdonar y soltar el dolor y el
enojo y, pude seguir adelante con mi vida. Definitivamente, no iba a regresar a ese grupo, ni quería tener a*

esta persona cerca de mí, pero ya tampoco cargaría con ese resentimiento en mi corazón. Aprendí dos lecciones importantes: antes de buscar que otros me respeten, tengo que respetarme yo no permitiendo que alguien más me lastime, y, los verdaderos amigos son aquellos que están a tu lado aceptándote incondicionalmente con tus defectos y virtudes y no permitiendo que otros te lastimen.

Al perdonar y soltar, mi corazón se sintió ligero e hice espacio en mi vida para que llegaran nuevas personas, con una vibración diferente y con quienes he construido una verdadera amistad.

De ese grupo, con el tiempo, pude rescatar la relación de quienes sí son verdaderos amigos.

VER A LOS OTROS CON OJOS DE COMPASIÓN

Queridos míos:

En ocasiones es más fácil juzgar a otros por sus acciones que detenerse a mirarlos con compasión.

Ver con compasión al otro es detenerte a mirarlo, es entender que él o ella, al igual que tú, tiene una historia, con situaciones positivas y negativas que lo hicieron crecer y que también lo lastimaron. Verlo con compasión es percibir que esa persona puede actuar desde sus heridas.

La próxima vez que una persona presente una actitud desfavorable, antes de juzgarlo, señalarlo o etiquetarlo negativamente, pregúntate: ¿por qué esta persona actúa de esta forma?

¿Cómo me sentiría yo si estuviera en sus zapatos?, ¿cómo reaccionaría yo si estuviera en sus circunstancias?

Pide a tu ángel que te permita verlo a través de su mirada, y entenderás que esa persona que está frente a ti no es más que un ser humano haciendo su mejor esfuerzo.

Descubrirás que quizá una persona co-dependiente esconde una gran necesidad de sentirse amada y protegida por otros. Una actitud de víctima lleva implícito el mensaje de «necesito sentirme atendida y vista por otros»; un comportamiento soberbio y orgulloso, a veces, es una máscara para no mostrar vulnerabilidad, y la incapacidad de generar vínculos afectivos profundos es una forma de protección para no permitir que otros lo lastimen.

En fin, muchas veces estas actitudes que puedes considerar «erróneas» o fuera de lugar en otra persona, y en ti mismo, no son más que un profundo miedo a ser lastimado, a no ser amado, querido o aceptado por el otro. Cuando ves al otro con compasión, puedes ver su miedo y ser empático con él; no te enganchas en la situación. Cuando tu mirada cambia, también cambia tu forma de reaccionar. Es más fácil perdonar y perdonarte cuando tienes esta perspectiva.

¿Te das cuenta? Cuando eres capaz de ver a los otros con mirada de compasión (pidiendo a los ángeles que te presten sus ojos), te vuelves más humano, más misericordioso y sensible.

Antes de engancharte en una situación, recuerda la próxima vez abrir tu corazón y pedir a tus ángeles que te permitan ver al otro a través de sus ojos, obsérvalo con compasión para tratar de entender sus motivos.

Te acompañamos hoy y siempre,

Arcángel Zadkiel

Abrir el corazón nuevamente

El Arcángel Uriel en una meditación me dijo: «¡Es imposible ser feliz con un corazón cerrado!». Si queremos llegar a la plenitud, si de verdad queremos ser felices, necesitamos abrir nuestro corazón. En múltiples ocasiones, cuando hablo de este tema en mis cursos, mis talleres o mis redes sociales, no falta quien me pregunte: «Angie, ¿cómo hago para abrir mi corazón?».

Cuando hablamos de abrir el corazón, estamos hablando básicamente del chakra del corazón. Tenemos que empezar por entender que todos llegamos a esta vida con un corazón abierto, hermoso y luminoso, es, al pasar de la vida, sobre todo al vivir aquellas situaciones que nos resultaron dolorosas, que no cumplieron con nuestras expectativas o en donde nos sentimos traicionados o abusados por otros, que lo fuimos cerrando.

Y, ¿por qué cerraríamos el chakra del corazón? Pues lo hacemos básicamente por dos motivos: el primero, para protegernos de que nos sigan lastimando y, el segundo, para dejar de sentir dolor.

Así, vamos viviendo situaciones a lo largo de nuestra vida que van haciendo que vayamos cerrando el chakra del corazón, vamos entumeciendo nuestra capacidad de sentir y de expresar nuestros sentimientos. Se me figura como si le bajáramos el volumen a nuestras emociones, y con ello, le estamos bajando el volumen a la vida. Desgraciadamente, no podemos elegir a qué emociones le queremos bajar el volumen, esto no es un ecualizador, es un solo botón; le bajamos el nivel al dolor, al enojo, al miedo, pero al hacerlo, también perdemos capacidad de sentir alegría y amor.

De manera personal, considero las emociones como la sal y la pimienta de nuestra vida, son las que le dan sabor y las que aderezan nuestro existir. ¿Te imaginas como sería una vida sin emociones?

Los ángeles, quienes la mayor parte del tiempo me hablan en metáforas, me muestran un pequeño diamante en medio del chakra corazón y me señalan que se relaciona con nuestra propia capacidad de amar. Nuestro diamante debería de ser puro y hermoso, ese es su estado natural, sin embargo, lo vamos tapando con lodo, piedras y carbón, que en realidad se refiere a nuestro dolor, nuestros miedos y culpas.

Entonces, en términos angelicales, abrir el corazón corresponde a limpiar nuestro diamante, sanar el dolor, soltar los miedos, limpiar las culpas. Este es un trabajo hermoso que requiere ir a la propia historia, reconocerla, dejarnos sentir aquellas emociones escondidas en el centro de nuestro pecho y así, sanar. A veces es un proceso doloroso, pero al final es hermoso.

Maricarmen, una de mis alumnas, me contó que su padre murió cuando era niña y su madre se enfrentó al desafío de sacar adelante a sus 8 hijos. Ella, al ser una de las mayores, se vio desde pequeña en la necesidad de ayudar a su madre, tanto en las labores de la casa, como en el cuidado de sus hermanos. Tomó la decisión de casarse siendo muy joven, a la edad de 16 años, un poco por sentirse enamorada, pero también desde el querer huir de toda la responsabilidad que la vida misma le había impuesto. Su matrimonio fue complicado, ya que su marido era adicto a las drogas y la trataba mal, aun así, se quedó con él por 6 años y tuvo dos hijos. Finalmente, decidió abandonarlo cuando ella tenía 22 años y emigrar junto con sus hijos a Estados Unidos. Según las palabras de la propia Maricarmen, «me hice fuerte», cerró el corazón y decidió salir adelante; se enfocó en trabajar y en darles a sus hijos lo que ella no había tenido.

Con el tiempo le empezó a ir mejor económicamente, sus hijos crecieron y un día, finalmente, ella decidió que quería ver por ella misma, quería hacer algo que la hiciera sentir feliz... Por azares del destino, decidió tomar el «Programa de Certificación para ser angeloterapeuta de Ángeles en tu Vida y fue ahí, que empezó a abrir su corazón y sanar.

Al principio fue muy doloroso recordar su historia: la muerte de su papá, su infancia perdida, el salirse de su casa a una edad tan temprana, su matrimonio fallido, el maltrato que sufrió en su relación, el tomar la decisión de separarse, emigrar y empezar de nuevo, el sentirse sola en otro país, etc., sin embargo, ella se dio cuenta de que, conforme fue recordando su historia, conforme fue dejándose sentir el dolor, fue sanando su corazón y era más fácil sentir alegría y amor...

En el momento final del curso, en el retiro de certificación, ella se me acercó con lágrimas en los ojos y me dijo que al cerrar su corazón había estado muerta en vida, que se sentía profundamente agradecida con Dios, con los ángeles y con la vida misma que la habían llevado por este camino en el que ¡por fin se sentía nuevamente viva!

TU CAPACIDAD DE AMAR
INCONDICIONALMENTE

Querido mío:

Recuerda que dentro de tu corazón existe un diamante hermoso, que brilla con luz propia. Esta joya es tu propia capacidad de amar. Nadie en esta vida, tiene el poder de apagar esta luz, atenuarla o minimizarla. Esta luz es tuya y hoy está más viva que nunca.

La luz que surge de este diamante es hermosa, destellante, colorida, alegre; refleja todo el amor que existe en ti y que hoy estás listo para dar y compartir. No importa lo que suceda en tu vida, nunca permitas que esta luz se apague, cuando encuentres situaciones de oscuridad, haz que brille aún más y conviértete en un faro luminoso para otros.

Permítenos a nosotros, los ángeles, ayudarte a abrir el corazón y a vibrar en el amor incondicional; déjanos mostrarte tu inmensa capacidad de amar y los caminos para compartir ese amor con los que te rodean.

Te amamos incondicionalmente,

Arcángel Chamuel

¿Cuándo sanamos en realidad?

Podemos considerar que sanamos la emoción cuando trascendemos el dolor, cuando entendemos el para qué de esa situación dolorosa que vivimos y somos capaces de ver el aprendizaje a través de la herida, cuando la luz se cuela por la cicatriz y nos deja ver la bendición obtenida. Se puede decir que de verdad sanamos la emoción cuando somos capaces de agradecer y amar la situación vivida; esto, en ocasiones, nos puede llevar años.

DE TUS HERIDAS FLORECERÁN TUS DONES

Queridos míos:

Muchos de ustedes se pueden preguntar el para qué de sus heridas y ven como innecesario el haber vivido ciertas situaciones en su vida. Muchos de ustedes han llegado a considerar que «la vida», «el destino» o Dios han sido injustos con ustedes al permitirles vivir una u otra experiencia.

Todos ustedes que decidieron regresar a este plano, lo hicieron con la finalidad de que su alma siguiera evolucionando y, ante esto, decidieron encarar ciertas vivencias que se convertirían, posteriormente, en lecciones de las cuales se desprendería un aprendizaje.

Pues bien, es justo de esas situaciones dolorosas que tanto los lastimaron, de donde van a obtener los aprendizajes sublimes que los llevarán a convertirse en mejores seres humanos y, posteriormente, en seres más iluminados.

Muchos de ustedes se quedan únicamente en el dolor generado por estas heridas. Se quedan con la idea o la sensación de tener hoyos en el corazón, que fueron creados a partir de las carencias o abusos que sufrieron. La clave para lograr convertir estas situaciones tan negativas que vivieron en un aprendizaje positivo es TRASCENDER EL DOLOR.

¿Cómo sería trascender el dolor? Si bien no existe una receta que se deba seguir, algunas de las acciones que pueden tomar son las siguientes:

- *INTROSPECCIÓN: Voltear hacia adentro, abrir el corazón, verlo, sentirlo… dejarlo girar otra vez; atreverse a abrir la caja que contiene la historia, los sentimientos y los recuerdos olvidados.*
- *Permitir que emerjan los sentimientos escondidos, sentirlos, sostenerlos, ponerlos en la superficie para ser sanados.*
- *Ver de frente la herida y afirmar: «Gracias a esta situación, yo tuve que desarrollar en mí _____ (cualidad). Gracias a que desarrollé _____ (cualidad), logré _____. Hoy esta cualidad me sirve para _____.*

Observarán que, al hacer este tipo de ejercicios de manera consciente, sentirán que esos hoyos que sintieron en el corazón se convierten en campo fértil para que florezcan sus más bellos dones. Y que, al poner estos dones al servicio de los demás, encontrarán el gozo de servir.

Tengan por seguro que les estaremos acompañando también en este proceso. Los amamos profundamente,

Arcángel Jofiel

EJERCICIO Nº 15: PEDIR GUÍA SOBRE LOS ASPECTOS EMOCIONALES QUE NECESITO SANAR EN TORNO A LA ENFERMEDAD. MEDITACIÓN CON EL ARCÁNGEL RAFAEL

Para realizar los ejercicios contenidos en este libro, te invito a copiar y hacer click en este link:

https://angelesentuvida.angelicabovino.mx/medicina-espiritual-meditaciones

O puedes acceder por medio de este QR:

SANAR LOS PENSAMIENTOS

El acto de pensar implica a la memoria, atención, comprensión, aprendizaje y procesamiento de la información. Somos seres pensantes por naturaleza y tener la capacidad de pensar es maravilloso, sin embargo, de la misma manera en que nuestros pensamientos nos benefician, también nos pueden impactar de manera negativa.

Cuando nuestros pensamientos son tóxicos nos generan sentimientos de baja vibración como el miedo, el resentimiento, el odio, la ira, la venganza, la envidia, etc.; nos bloquean de pasar a la acción en nuestra vida y nos impiden dar pasos en función de cumplir nuestros objetivos; nos hacen tener una visión distorsionada de nuestra realidad y esto, puede hacer que tengamos una visión negativa de nosotros mismos, de otras personas y del entorno en general, y por supuesto, esto puede impactar de manera negativa nuestras relaciones. Por último, el tener constantemente este tipo de pensamientos nos puede afectar a la salud mental, generando trastornos como la ansiedad y la depresión, entre otros.

¿De qué hablamos cuando hablamos de sanar los pensamientos?

Hay personas que se me han acercado en ciertos momentos a decirme: «Angie: yo no puedo controlar mis pensamientos, todo el tiempo tengo pensamientos negativos y no sé cómo cambiarlos o evitarlos». Mi primera respuesta siempre es la misma: «¡TÚ NO ERES TUS PENSAMIENTOS!». Si bien tus pensamientos son una parte importante de ti, no son el todo. Una forma muy importante de sanar nuestros pensamientos es volviéndonos conscientes de ellos, para esto, tenemos que volvernos testigos de nosotros mismos. Dejar de ser «el pensante», para convertirnos en «el observador del pensante». Es entonces cuando somos capaces de observarnos en completitud, podemos ver qué es lo que estamos pensando, cómo esos pensamientos nos generan emociones y qué acciones tomamos a partir de las mismas, es como si estuviéramos viendo una película desde afuera, tenemos una perspectiva más amplia de nosotros mismos y de lo que sucede; también, de esta manera, entendemos que hay una parte nuestra, la consciencia, mucho más elevada que nuestros pensamientos y que puede elegirlos o cambiarlos.

Específicamente, ¿qué patrones de pensamientos serían los que necesitamos sanar? En particular, buscaríamos sanar lo que en la Psicoterapia Gestalt llaman «los demonios del crecimiento»: las fantasías catastróficas (o pensamientos negativos galopantes), los asuntos inconclusos, las experiencias obsoletas y los introyectos.

A continuación, te explico cada uno de ellos:

- **Fantasías catastróficas:** son pensamientos o imágenes mentales que representan situaciones negativas extremas o desastrosas. Estas fantasías suelen estar basadas en el miedo y pueden generar ansiedad y estrés. Las personas que experimentan fantasías catastróficas tienden a anticipar lo peor en diferentes situaciones y pueden tener dificultades para mantener una perspectiva equilibrada y realista. La forma de sanar las fantasías catastróficas es haciendo un chequeo de realidad y regresando al aquí y al ahora. Esto se puede realizar a través de preguntas como: ¿En realidad esto está sucediendo? ¿Qué posibilidad existe de que esto que estoy pensando en realidad suceda? Y centrarme en el aquí y el ahora: En este momento, ¿cómo estoy? ¿Me siento a salvo? ¿Estoy bien?

  Estas fantasías catastróficas, normalmente son creadas a partir de nuestros miedos. A mí me gusta pensar que puedo convertir al miedo en mi aliado, preguntándole ¿cómo me puedo proteger para que esto que estoy pensando no suceda?, o para aminorar la posibilidad del supuesto daño que me puede causar. A esto le llamo «usar mi miedo de paracaídas».

Me parece que este tipo de demonio de crecimiento suele ser muy común en los seres humanos y estoy segura de que todos lo hemos sentido en algún momento; por ejemplo, durante la pandemia fue muy fácil dejarnos llevar por la incertidumbre y el miedo y darle rienda suelta a nuestros pensamientos para que nos mostraran las peores circunstancias que podrían ocurrir.

Durante la pandemia, a pesar de mis miedos, yo sabía que era importante mantenerme en una vibración elevada. Meditaba todos los días, buscaba tener una alimentación sana, hacía ejercicio y trataba de mantenerme en la luz. Aun así, me enfermé. Ubico perfectamente el momento en el que contraje COVID-19: estábamos en lo más alto del primer pico de la pandemia, las noticias indicaban que no había camas en los hospitales y obtener oxígeno suplementario en casa resultaba muy difícil; dos personas, muy queridas para mi familia, murieron en ese momento. De repente, me vi hablándole a mi hija sobre cómo estaban mis asuntos: la hipoteca de la casa, las cuentas de cheques, mi testamento y qué podían hacer con «Ángeles en tu Vida» (mi escuela) en caso de que muriera. Justo en esos días, tuve que ir al banco, que, a pesar de las indicaciones de las autoridades, estaba lleno de gente. Algunos con el tapabocas mal puesto, otros haciendo caso omiso de mantener la sana distancia, etc. Estoy segura de que ese fue el momento en que me contagié. A pesar de mi consciencia y mi espiritualidad, desde mi parte más humana estaba aterrada con todo lo que estaba sucediendo y me llené de fantasías catastróficas. Bajé mi vibración y permití así, que entrara en mi cuerpo la enfermedad. Cabe mencionar que el COVID-19 fue un gran maestro de vida que vino a dejarme grandes aprendizajes. (Retomaré este tema en el último capítulo de este libro).

- **Introyectos:** Los introyectos son ideas o creencias que tomamos de otras personas y las hacemos nuestras; normalmente vienen desde nuestra niñez. Estas creencias pueden ser limitantes y afectar nuestra forma de pensar y actuar. Los introyectos normalmente provienen de figuras que representaron una autoridad para nosotros en la infancia, como padres, maestros o personas significativas y, con las que tuvimos un lazo afectivo fuerte.

  El problema con los introyectos es que los absorbimos a muy temprana edad, los aprendimos y nunca nos cuestionamos si eran ciertos o no. Aun en la edad adulta, seguimos teniendo conductas que son de alguna manera dictadas por ellos y que terminan por lastimarnos o limitarnos. Muchas veces no sanamos los introyectos porque el simple hecho de ponerlos en tela de juicio, nos hace sentir que estamos traicionando, de manera inconsciente, a ese ser querido de quien lo tomamos.

  Para sanar los introyectos es necesario detenernos a pensar ¿esto es en realidad así?, ¿cómo esta idea o pensamiento me limita o no me deja avanzar en la vida?, ¿quiero continuar con esta creencia?, ¿puedo reemplazarla por algún otro tipo de afirmación?

El simple hecho de llevarlo a la consciencia y cuestionar el pensamiento, nos ayudará a sanar.

José perdió a su padre a los 12 años, al ser el mayor de los hermanos, le dijeron que ahora él sería el hombre de la casa. Él se tomó muy en serio estas palabras y, durante toda su vida, cargó con la responsabilidad de ver por su madre y sus hermanos. José lo siguió haciendo aun en la edad adulta, incluso a pesar de que sus hermanos tenían la posibilidad de sostenerse por ellos mismos. Ahora no nada más veía por los hermanos, sino por sus familias enteras. Un día se lo cuestionó y se dio cuenta de cuánto seguía calando el introyecto de ser el hombre de la casa. Le ha costado mucho trabajo, pero está en el proceso de soltar responsabilidades que no le corresponden.

- **Asuntos inconclusos:** Los asuntos inconclusos se refieren a situaciones o experiencias que no han sido resueltas o cerradas de manera satisfactoria. Estos asuntos nos generan tensiones emocionales y psicológicas, ya que quedan pendientes y no se les da un cierre adecuado. Los asuntos inconclusos pueden estar vinculados con relaciones conflictivas, eventos traumáticos, decisiones no tomadas y emociones no expresadas, entre otros.

Es importante abordar y cerrar estos asuntos para lograr el bienestar emocional y psicológico. Esto puede implicar trabajar en la resolución de conflictos, eventos traumáticos, tomar decisiones pendientes, expresar emociones reprimidas y encontrar formas de cerrar esos capítulos de nuestra vida.

A veces, estos asuntos inconclusos rondan nuestra mente constantemente, ocupan espacio en nuestro día a día y nos distraen de vivir en el presente. Otras veces, de manera inconsciente, terminamos actuando o tomando decisiones erróneas cuando permitimos que controlen nuestros pensamientos. Cerrar los asuntos inconclusos o, dicho de otra forma, cerrar ciclos, nos permite liberarnos de la carga emocional asociada y avanzar hacia una mayor plenitud en nuestra vida.

Tanya, una de mis consultantes, llegó a terapia porque sentía que después de varios años aún no podía superar su proceso de divorcio. Me platicó que, tras descubrir una infidelidad de su esposo, había pedido el divorcio. El proceso fue difícil, ya que se atacaban y culpaban constantemente el uno al otro y no podían llegar a un acuerdo sobre los bienes, la crianza y manutención de sus hijos. Finalmente, lograron divorciarse, pero ella, a través de su mente, constantemente regresaba a esta etapa de su vida, pensaba en todos los posibles escenarios y en qué hubiera pasado si hubiera actuado diferente, si hubiera dicho las palabras correctas, si hubiera perdonado, si hubiera luchado más para quedarse con la casa, etc. A pesar de que el tiempo había pasado, Tanya seguía viviendo el proceso de divorcio y separación. Por supuesto, esto no le permitía seguir adelante con su vida.

- **Experiencias obsoletas:** Las experiencias obsoletas se refieren a aquellas situaciones o eventos del pasado que ya no son relevantes o útiles en el presente, sin embargo, las seguimos viendo como una norma de vida. Estas experiencias pueden generar una sensación de estancamiento o bloqueo en el desarrollo personal y emocional, pueden incluir creencias limitantes, patrones de comportamiento desactualizados o formas de pensar que lejos de beneficiarnos, dificultan el crecimiento y el cambio positivo.

  Un claro ejemplo de esto, son las personas que se niegan a aprender a utilizar la inteligencia artificial, argumentando que representa una amenaza para la humanidad, en lugar de ver todas las bondades o beneficios que puede aportar en nuestra vida.

Sanar los pensamientos en un proceso de enfermedad

Con respecto a las enfermedades y pensando en esta sanación holística de la que hablábamos anteriormente, ¿qué pensamientos tendríamos que sanar?

¿Cómo estoy enfrentando la enfermedad? ¿Cuáles son mis miedos y mis fantasías catastróficas con respecto a la enfermedad? ¿Qué tanto me estoy permitiendo vivir en el aquí y el ahora, sabiendo que quizá en este momento presente estoy bien, estoy vivo y estoy sanando? El darle rienda suelta a nuestras fantasías catastróficas en un evento de enfermedad puede resultar terrible, recordemos que nuestro cuerpo no distingue la realidad del pensamiento; el tener fantasías catastróficas será una fuente de estrés que nos llevará, a su vez, a vibrar bajo y a no permitir que nuestro cuerpo haga su función de favorecer la sanación (homeostasis). Por otro lado, no olvidemos que somos los creadores de nuestra realidad a través de nuestros pensamientos. ¿Es esto realmente lo que queremos crear? Si estás teniendo fantasías catastróficas con respecto a tu enfermedad, regresa a ti, recuerda que eres más que tus pensamientos, quédate en el aquí y el ahora, respira y recuerda que tú tienes el control de tu pensamiento, que puedes crear una mejor realidad. No olvides que el miedo es el creador de la fantasía, úsalo de paracaídas y, con el miedo de la mano, busca cómo puede protegerte en el proceso.

Con respecto a los introyectos, ¿qué introyectos estoy teniendo con respecto a esta enfermedad? Quizá toda la vida escuchaste cosas terribles sobre esa condición que estás atravesando o en tu familia esa enfermedad en particular tuvo un desenlace poco favorable. Trae todos esos pensamientos al presente y pregúntate: Aunque esto haya sido real para mis padres u otras personas en mi familia, ¿es esto real para mí?, ¿cuáles fueron las creencias aprendidas sobre esta enfermedad?, ¿qué creencias quiero conservar?, ¿qué creencias quiero cambiar?, ¿qué creencias quiero desechar?, ¿cuáles son las nuevas afirmaciones y creencias que quiero adoptar en este proceso de recuperar la salud?

Por otro lado, ¿cuáles son los asuntos inconclusos y las experiencias obsoletas que se tienen con respecto a las enfermedades?, ¿cómo he vivido otras enfermedades en el pasado?, ¿cómo este proceso ha sido o es diferente en el presente?, ¿qué apegos a situaciones del pasado no me están permitiendo abrirme o moverme hacia lo nuevo?

En todos estos casos estaremos llevando nuestros pensamientos inconscientes al consciente; esto, por sí solo, ya es el principio de un camino de sanación.

EJERCICIO Nº 16: PEDIR GUÍA SOBRE LOS ASPECTOS MENTALES QUE NECESITO SANAR EN TORNO A LA ENFERMEDAD. MEDITACIÓN CON EL ARCÁNGEL RAFAEL

Para realizar los ejercicios contenidos en este libro, te invito a copiar y hacer click en este link:

https://angelesentuvida.angelicabovino.mx/medicina-espiritual-meditaciones

O puedes acceder por medio de este QR:

Terapias que nos ayudan a sanar emociones y pensamientos

Si bien, en este libro me baso en la Angeloterapia y la Psicoterapia Gestalt, que son las doctrinas que yo conozco y aplico en mis cursos y terapias, existen innumerables tipos de terapias psicológicas que nos pueden ayudar a sanar los pensamientos y las emociones.

Las más comunes o conocidas son:

- **Psicoanálisis:** Se basa en llevar el inconsciente al consciente para poder entender comportamientos, actitudes y formas de pensar; para ello se analizan elementos no conscientes de las personas, como sueños, deseos, miedos, pasiones, voluntades, recuerdos y traumas. En el psicoanálisis se habla de tres fuerzas de la psique: ello, yo y superyó. El «ello» es el contenido inconsciente, las pulsiones y los deseos; el «yo» es el mediador entre el «ello» y el «superyó», quien se encarga de lograr la mayor satisfacción dentro del marco de realidad y el «superyó», que es donde radica la moralidad y el juicio de la persona. En el psicoanálisis se habla de dos instintos básicos: eros enfocado en el amor y la unidad, y thánatos, que es el instinto de muerte y destrucción.

- **Terapia Cognitiva/conductual:** Se basa en observar y corregir los patrones de pensamiento y comportamiento del paciente que pudieran estar afectando a su bienestar emocional. A diferencia del psicoanálisis que se basa en el pasado, la terapia cognitiva/conductual se basa en el presente y el futuro de la persona.

- **Psicoterapia Humanista:** Es una corriente en la cual la creatividad, la autorrealización y el desarrollo personal del individuo cobran mucha importancia. Tienen como objetivo principal ayudar al paciente en el proceso de autoconocerse, reconocer sus fortalezas y debilidades y alcanzar la autoaceptación. El terapeuta acompaña a la persona en este proceso sirviendo como espejo, siempre desde un marco de empatía y confianza. De esta corriente, surgen algunas ramas como son:

  - **Psicoterapia Gestalt:** Se basa en el aquí y el ahora, lo verdaderamente importante es lo que está sucediendo en el presente y los sentimientos y emociones que conlleva. El terapeuta busca que el paciente tenga consciencia sobre sí mismo, observando sus pensamientos y sus respuestas emocionales.

- **Psicoterapia sistémica:** Se focaliza en la familia, se busca que prevalezca un orden en el sistema. Entiende al individuo a partir de su contexto social inmediato y sostiene que las conductas del mismo, son fruto de la disfunción del mismo sistema.

- **Bioenergética o corporal:** Combina el trabajo corporal con técnicas, respiración y liberación emocional. Sostiene que el cuerpo guarda la historia del individuo y que, al ir liberando al cuerpo de las tensiones acumuladas, se van desbloqueando y sanando las cuestiones emocionales no resueltas.

- **Logoterapia:** Busca encontrar el sentido profundo de la existencia, desarrollar habilidades para enfrentar cualquier desafío que la vida conlleve, sabiendo que el hombre es libre para elegir el significado que le quiere otorgar a sus circunstancias.

- **Terapia Tanatológica:** Busca acompañar y ayudar a las personas que están en el proceso de muerte de un ser querido o algún tipo de pérdida significativa. Lo hace a través de la aceptación, la *vivenciación* de las emociones que surjan, la reconstrucción de la vida a partir de la pérdida y la resignificación de la pérdida.

- **Terapia transpersonal:** Este tipo de terapia busca que el individuo o paciente emprenda la búsqueda hacia su yo interior, hacia su esencia más profunda. El terapeuta se convierte en un guía que acompañará al paciente en esta travesía. Es un tipo de terapia que reúne los conocimientos modernos de la psicología con la sabiduría milenaria de diferentes corrientes espirituales.

SANAR EL CUERPO ENERGÉTICO (TERAPIAS ESPIRITUALES)

Las terapias espirituales buscan que el individuo logre una sanación profunda a partir del contacto con su alma, entendiendo el propósito de su vida humana, los aprendizajes profundos que vino a tener en esta vida, los vínculos o convenios que estableció con otras almas para lograr sus objetivos, la misión que vino a cumplir, los dones y talentos con los que cuenta para hacerlo, etc.

En estas terapias es muy importante la sanación del cuerpo energético, ya que es justo ahí donde reside nuestra alma.

Este tipo de terapias busca restablecer el flujo de la energía vital en el ser humano. Muchas están basadas en sabidurías milenarias como el hinduismo, retomando los temas de los chakras como centros que irradian y atraen energía (prana) al individuo; o como la cultura China, retomando conceptos como los meridianos que son los que distribuyen la energía, también llamada Chi, a diferentes partes del cuerpo humano.

Lo que se hace de manera específica en este tipo de terapias es sanar el cuerpo energético mediante el retiro de la negatividad existente, desbloqueando los chakras y el aura, permitiendo, a su vez, que la energía fluya libremente por el sistema, iluminando los diferentes aspectos de la vida de la persona. Estas terapias se basan en la premisa de la Ley de Correspondencia: *Como es adentro es afuera*, lo que sea que se sane dentro del cuerpo energético, se estará sanando de igual manera en la vida del individuo. Por ejemplo, una persona que tiene problemas económicos, seguramente tendrá un bloqueo energético en el primer chakra; al trabajar con su energía y desbloquearlo, se favorece el que la persona pueda encontrar una salida a sus problemas.

En la actualidad, existen una infinidad de terapias espirituales y, a pesar de que siguen diferentes técnicas, todas tienen en común que trabajan con una energía superior que es la que brinda la sanación; esta fuerza superior es llamada de varias maneras, algunos lo llaman Dios, Energía Universal, La Fuente, Poder Creador, Divinidad, etc. Esa energía es una energía inteligente que sabe hacia dónde dirigirse y cómo sanar a la persona en cuestión. El sanador es el conducto por el cual la energía llega a la persona en cuestión.

Algunas de estas terapias son:

- **Reiki:** En esta terapia el terapeuta sirve como canal de la Energía Universal; es decir, recibe esta energía y la transmite a su paciente o consultante. Esta energía ayuda a restablecer y armonizar los diferentes cuerpos. La energía que se recibe se plasma o entrega en el paciente a través de símbolos específicos que lo ayudarán a sanar. Existen diferentes tipos de Reiki, siendo los más comunes el Reiki Usui tibetano, el Karuna Reiki y el Reiki Ho (japonés).

- **Thetahealing:** Se busca una sanación profunda a través de alcanzar el estado Theta, que es una frecuencia sanadora que se ubica entre el consciente y el inconsciente. A través de esta terapia se busca liberar y sanar pensamientos, bloqueos, programaciones o creencias que no permitan que el individuo viva en total plenitud.

- **Magnified healing:** Al igual que en el Reiki, se canaliza la Energía Universal, pero se magnifica y se focaliza en los puntos a sanar. Se busca una sanación profunda en diferentes niveles. Se hace un puente de luz en forma de espiral que conecta el corazón con la Fuente Divina y con la Tierra.

- **Sanación cuántica:** Parte de la idea de que nuestra realidad es una construcción mental, creada a partir de pensamientos, sentimientos, ideas, creencias; la sanación trabaja entre la creación y la materia, buscando un estado de coherencia entre la mente y el corazón que da como resultado un orden implícito en la existencia.

Algo muy importante a tomar en cuenta en las terapias energéticas, sin importar de cuál se trate, es buscar que el sanador sea una persona profesional y preparada, que en realidad trabaje desde el corazón y con un esquema de valores y de ética intachable.

EJERCICIO Nº 17: SANACIÓN DEL CUERPO ENERGÉTICO A TRAVÉS DE LA LUZ DIVINA

Para realizar los ejercicios contenidos en este libro, te invito a copiar y hacer click en este link:

https://angelesentuvida.angelicabovino.mx/medicina-espiritual-meditaciones

O puedes acceder por medio de este QR:

LA ANGELOTERAPIA COMO MÉTODO DE SANACIÓN

A pesar de que la angeloterapia es una técnica de sanación espiritual, en realidad creo que es ¡una filosofía de vida! Quise ponerla en un rubro aparte para explicar ampliamente en qué consiste y cómo funciona.

La angeloterapia, a pesar de ser considerada una terapia de sanación energética, también ayuda a sanar el corazón y la mente. Me ha pasado infinidad de veces, tanto a mí, como en mis consultantes o alumnos, que ahí donde el psicoterapeuta tradicional no puede llegar en la mente o en el corazón, los ángeles acceden sin ningún problema.

Desde hace ya varios años, tomo psicoterapia de manera regular. Existía un tema al que mi psicoterapeuta había querido llegar de muchas formas y yo siempre, obvio de manera inconsciente, me le escabullía, porque al parecer me resultaba muy doloroso y porque al enfrentarlo, sentía que estaba traicionando el amor de un ser muy querido para mí. Un día solicité a una de mis angeloterapeutas certificadas una sesión para trabajar algo que se estaba presentando en mi vida que, según yo, no tenía que ver con el tema anterior, y cuál fue mi sorpresa que en el minuto dos de la terapia yo ya estaba conectando con ese tema, viviendo todas las emociones que conllevaba y, por supuesto, sanando.

Otra de las cosas que no deja de sorprenderme cuando se trata de la angeloterapia es la rapidez con la que se puede acceder a ciertos temas; y es que, a través de la psicoterapia, en muchas ocasiones necesitamos varias sesiones de terapia para encontrar ese punto a partir del cual vamos a desarrollar un tema específico; yo lo veo como encontrar la hebra a partir de la cual vamos a desenredar toda la madeja de estambre y, en la angeloterapia, como los temas no vienen del paciente, sino que son dados por los ángeles, no necesitamos desenredar la madeja. El tema a trabajar y el cómo solucionarlo nos es dado completamente por los ángeles.

Un ejemplo de esto que enuncio anteriormente me sucedió hace algunos años en una terapia. Mi consultante se llamaba Horacio y era esposo de una de mis angeloterapeutas certificadas, quien me comentó que era muy escéptico y que estaba tomando la terapia porque ella se lo solicitó, pero que no creía que los ángeles le pudieran ayudar. Cuando iniciamos la terapia, yo cerré los ojos para empezar a recibir un mensaje para él, lo primero que vi en mi mente fueron dos hombres, uno muy chiquito parado al lado de uno muy grande. Junto con la imagen me llegó, a través de clariconocimiento, que el hombre chiquito era Horacio y el hombre grande era su papá. Abrí los ojos y le hice una pregunta a Horacio: ¿Por qué te sientes tan chiquito junto a tu papá? De manera inmediata, Horacio empezó a llorar y me dijo que ese había sido el tema de toda su vida. Su papá había sido un hombre espectacular en muchos sentidos y él sentía que no había manera de seguir sus pasos. Casi toda la sesión de terapia se desenvolvió sobre este tema. Obviamente, Horacio quedó sorprendido con los resultados de la angeloterapia.

Si bien sanamos muchos temas en la angeloterapia, no me atrevería a decir que sustituye a la psicoterapia; de manera personal, me ayuda mucho ver los temas que tengo que trabajar en una

angeloterapia y después profundizar en ellos a partir de la psicoterapia.

Lo que sí es un hecho es que, como terapeuta, una vez que
cruzas el velo y les permites a los ángeles entrar en tu consultorio,
no hay vuelta atrás, siempre van a estar ahí.

*Yo ya era psicoterapeuta, y eventualmente comencé con la
angeloterapia; al principio ofrecía los dos servicios por sepa-
rado, para que los consultantes eligieran qué tipo de terapia
querían tomar. Sin embargo, me fui dando cuenta de que no
podía separarlas, incluso cuando estaba tratando de hacer
una sesión de psicoterapia «pura», yo recibía mensajes de
mis ángeles todo el tiempo y me guiaban durante la sesión,
indicándome las preguntas precisas que necesitaba hacerle al
consultante para llegar al fondo del asunto. Me di cuenta de
que era inútil, ya no había manera de sacar a los ángeles de
mi consultorio.*

Por otro lado, a diferencia de la mayoría de las terapias energéticas, la angeloterapia no solamente sirve para canalizar la energía
divina al consultante, sino también se entregan los mensajes de los
ángeles. Esto, a mi parecer, lo hace una terapia mucho más completa, ya que se trabaja en dos niveles diferentes:

- A nivel cognitivo y emocional: Al ser entregados los mensajes de los ángeles canalizados por el terapeuta, llevamos
a la consciencia aquellos temas que requieren ser trabaja-
dos, aquellas situaciones que están bloqueando al paciente
de llegar a su más alto potencial en cualquier aspecto de su
vida. Así mismo se obtiene una guía certera de los pasos
que necesita dar en el camino de la sanación.

- A nivel energético: Los arcángeles trabajarán con la energía del consultante, retirando la negatividad, los bloqueos energéticos y llenando de luz los chakras correspondientes, logrando así el equilibrio energético, para que la energía fluya de tal manera que el paciente regrese a su centro, es decir, que pueda sentirse en paz, elevar su frecuencia energética —volver a vibrar en amor—, entrar en homeostasis y, en general, sentir más plenitud.

Trabajar en estos dos niveles, para mí, es muy importante, ya que creo que de nada sirve limpiar y alinear nuestra energía, si no tomamos consciencia de aquellos pensamientos o situaciones inacabadas que son las que la están bloqueando; ya que, de no hacerlo, corremos el riego de seguir generando los mismos bloqueos una y otra vez. Sería como tomar un baño para después continuar revolcándonos en el lodo.

Concretamente, ¿cuáles son los beneficios que se obtienen a través de una angeloterapia? El consultante podrá ver los siguientes resultados:

1. Tendrá una mayor claridad sobre su vida y los problemas que está enfrentando.
2. Sabrá con claridad cuáles son aquellas situaciones que lo bloquean y que no le permiten avanzar en la vida, y trabajará en ellas para sanarlas.
3. Tendrá una visión más positiva sobre sí mismo (¡los ángeles siempre ven lo mejor de nosotros y nos lo hacen saber!).
4. Recibirá guía certera sobre los pasos que tiene que dar para alcanzar su más alto potencial.

5. Eliminará bloqueos energéticos y elevará su energía a través de la sanación. Esto beneficiará al cuerpo físico, a la mente y a las emociones.

6. Se reconocerá creador de sus circunstancias.

7. Se sentirá más equilibrado, relajado y en paz.

8. Se llenará de esperanza y fe.

9. En términos generales, se sentirá más pleno y feliz.

¿DE DÓNDE SURGE LA ANGELOTERAPIA?

Estoy segura de que la sanación de la mano de los ángeles y arcángeles se ha efectuado desde el inicio de los tiempos, desde el momento en que el hombre fue consciente de la existencia de un ser superior y de la energía que estaba disponible para ayudarlo en cada aspecto de su vida.

Desde hace miles de años, existe evidencia de la relación entre los ángeles y los hombres, algunos autores importantes que mencionaron a los ángeles en sus obras son:

- Hermas (Siglo II). Escribió *El Pastor de Hermas* en donde «el Pastor», quien es su ángel guardián, lo lleva a recorrer todo el mundo espiritual. Habla de dos ángeles, uno que nos incita a hacer el bien, y otro que nos tienta a hacer el mal.

- Santa Hildegarda de Bingen (1098-1179). Monja y mística alemana. Dice que los ángeles están en círculos concéntricos que rodean a Dios y que los humanos están en el círculo más lejano. Los ángeles ayudan solo a aquellas personas que creen en Dios.

- Santo Tomás de Aquino (1225-1274). Filósofo del medievo, también conocido como Doctor angelical. Decía que los ángeles eran los pensamientos puros de Dios, aunque podían materializarse cuando ellos quisieran.

- Johann Tauler (1300-1361). Sacerdote y filósofo dominico. Describe a los ángeles sin manos y sin pies, sin forma y sin materia. Reconoce a los ángeles por el trabajo que hacen con nosotros y no por su forma o esencia.

- Dionisio el Areopagita (Siglo VI). Escribe varios tratados de corte teológico y describe las jerarquías angelicales.

- Santa Teresa de Ávila (1515-1582). Monja y poeta. Asegura que un ángel le atravesó el corazón con una espada.

- John Dee (1527-1608). Transcribió el lenguaje secreto de los ángeles.

- John Milton (1608-1674). Escribió *Paraíso Perdido* donde describe ampliamente el mundo angelical.

- Emmanuel Swedenborg (1688-1772). Científico suizo y filósofo, es tomado en serio por ser hombre de ciencia y dice que a los ángeles los podemos ver a través de la intuición.

- William Blake (1757-1827). Discípulo de Swedengerg, dice que ya vivimos en el paraíso rodeados de ángeles, pero que simplemente no nos damos cuenta de ello. Retoma el concepto del bien y del mal y dice que uno complementa al otro.

- Rudolph Steinner (1861-1925). Filósofo australiano, fundador de la Teosofía y de la Sociedad Antropológica. Habla mucho sobre los ángeles en su obra, divide a los ángeles en tres grupos: ángeles, arcángeles y archai. Habla del ángel guardián y de cómo podemos comunicarnos con él a través de la clarividencia.

En los tiempos modernos, el tema de los ángeles ha sido retomado por la metafísica y posteriormente por toda la corriente *new age*. Autores como Dolores Cannon, Elizabeth Clare Prophet, Lucy Aspra y Doreen Virtue, entre muchos otros han hablado de los ángeles y de la sanación que aportan en nuestra vida.

Sin embargo, la primera persona en utilizar el término Angeloterapia fue la Dra. Doreen Virtue. Ella canalizó en su momento la forma en que ciertos arcángeles nos ayudan a sanar. Impartió el curso de Angeloterapia a miles de alumnos en todo el mundo, esparciendo así la semilla de esta técnica y filosofía de vida.

En mi caso particular, yo tuve la fortuna de estudiar con ella y de ser pionera, junto con otras autoras como Tania Karam y María Elvira Pombo, de la institución de la angeloterapia en Latinoamérica. De ahí, obtuve las bases de lo que hoy aplico en mis terapias y enseño a mis alumnos en mi «Programa de Certificación»; sin embargo, tengo que decir que, la mayor parte de la técnica que aplico, me la han enseñado los mismos ángeles a lo largo de los 20 años que tengo de experiencia en el campo de la angeloterapia.

¿EN QUÉ CONSISTE LA ANGELOTERAPIA?

La angeloterapia es un método de sanación espiritual mediante el cual nos abrimos a la energía de los ángeles y arcángeles para que nos ayuden a mejorar nuestra vida en todos los sentidos, nos muestren nuestro más alto potencial y nos den una guía certera de los pasos que necesitamos dar para alcanzarlo.

En lo personal, yo divido la sesión de terapia en tres partes: en la primera, me abro a recibir los mensajes de los ángeles, la segunda es un escaneo del sistema energético y, por último, se realiza la sanación con la energía de los arcángeles. Analizaré cada una de estas partes:

Canalización del mensaje de los ángeles

En esta primera parte de la sesión, el terapeuta abre sus canales intuitivos (clarividencia, clariaudiencia, clariconocimiento y clarisensibilidad) para recibir los mensajes de los ángeles para el consultante.

En muchas ocasiones, como lo comentamos al principio del libro, hay personas que llegan a consulta creyendo que a través de una angeloterapia los ángeles les van a hablar sobre su futuro, como si fuera algo esotérico, como si les fueran a leer la mano o la bola de cristal.

También me ha pasado que llegan personas buscando una respuesta milagrosa, que se les solucione su problema económico, su enfermedad o cualquier situación por la que están pasando, sin que ellos tengan que hacer algo al respecto.

La verdad es que la angeloterapia no es esto, los mensajes que nos dan los ángeles en esta primera parte de la sesión van a ir más en relación con nuestras potencialidades, hacia dónde podemos dirigirnos, qué tanto podríamos lograr en nuestra vida y qué es lo que hoy nos está bloqueando de lograrlo. Qué pensamientos erróneos, creencias limitantes, miedos, resentimientos, situaciones inacabadas, emociones estancadas, heridas e introyectos no nos están permitiendo alcanzar este potencial.

En este primer mensaje, los ángeles nos dirán cuál es el principal bloqueo al que el consultante se está enfrentando en el aquí y el ahora. Sería imposible pensar que en una sola angeloterapia vamos a sanar todos nuestros asuntos, el mensaje y la sanación se realizarán sobre aquellos asuntos que estén presentes en el momento justo de la terapia. Cabe mencionar que el proceso de sanación nunca termina, estoy convencida de que, mientras sigamos en este plano de existencia, siempre tendremos aprendizajes y aspectos a sanar en nuestra vida.

Con respecto a las enfermedades, en ocasiones, los ángeles muestran cómo se siente la persona enferma; quizás los síntomas, dolores o sensaciones que tiene, el origen de la enfermedad, cómo la enfermedad es maestra y cuáles serían los caminos de sanación para la misma, tanto en el plano emocional, como en el plano físico, es decir, qué tipo de tratamiento sería factible para tratar la enfermedad.

En una ocasión llegó a mi consultorio Tere, ella sufría de fibromialgia. En cuanto cerré mis ojos para recibir el mensaje de los ángeles, comencé a sentir dolor en mis brazos y piernas, era un dolor muy particular, como si tuviera pequeños vidrios incrustados en los músculos. Los ángeles me dijeron que así se sentía la fibromialgia y, cuando les pedí guía sobre el origen de la enfermedad, la frase que me llegó fue «dolor no expresado» y el mensaje que le dieron a Tere fue que tenía que regresar a su historia, darse permiso de revisar aquellas situaciones que le causaron dolor y llorarlo; me mostraban esos pequeños vidrios como si fueran lágrimas cristalizadas que se quedaron en el cuerpo (obvio no de manera literal, sino como una analogía). Le indicaron que el tratamiento que le estaban dando era el correcto, sin embargo, me lo mostraron como un tratamiento paliativo, más que para curar la enfermedad. Le recomendaron que, a la par, se tratara con medicina oriental o acupuntura y, por supuesto, que buscara la forma de liberar el dolor, ya fuera escribiendo, pintando (ella es artista) o a través de una terapia psicológica.

En este primer mensaje, en ocasiones, los ángeles nos permitirán vernos a nosotros mismos de la misma manera en que ellos nos ven; nos señalarán nuestros dones, talentos y virtudes, posiblemente nos hablen de nuestra misión de vida, señalando aquellos aspectos que, de manera única e irrepetible, vinimos a compartir con el mundo.

A los ángeles les encanta hablarnos sobre el camino. Nos harán saber qué camino estamos tomando, si es el correcto o no, cuántos caminos se abren ante nosotros, cuál es el mejor y el que nos llevará a nuestro destino, cuáles son los obstáculos que estamos enfrentando para caminarlo y cuál es la mejor manera de eliminarlos. Nos señalarán las puertas que se abren y nos impulsarán a atravesarlas.

Cabe mencionar que los ángeles son muy respetuosos de nuestro libre albedrío y que, aunque ellos nos guían a través de sus mensajes, depende de nosotros dar los pasos necesarios para llegar a nuestro potencial.

Hace ya algunos años, tenía una consultante de larga distancia llamada Patricia, quien era de origen mexicano y llevaba alrededor de 8 años viviendo en Dallas, Texas. Patricia, a pesar de llevar tanto tiempo en EUA, no hablaba inglés. Vivía con sus tres hijos varones, de edades entre 17 y 21 años, y con su pareja, que no era el padre de sus hijos, y se quejaba constantemente de la pésima relación que tenía con ellos. De sus hijos, reportaba que no le ayudaban, que la desobedecían, uno de ellos se había metido ya en varios problemas en la escuela y el más grande no estudiaba, ni trabajaba. Con su pareja también enfrentaba muchos problemas, se sentía agredida por él constantemente y, en varias ocasiones, se quejó de que él no aportaba dinero para la casa. Por último, tenía un tema laboral, trabajaba en la cocina de un restaurante y me decía que las manos le dolían mucho porque tenía que manipular alimentos y utensilios en temperaturas extremas, ya fueran frías o calientes. El sueño de Patricia era poder asistir a una escuela de belleza para convertirse en estilista. Los ángeles le dieron a Patricia el mensaje de que tenía que aprender a priorizarse, ponerse en primer lugar, poner límites sanos a sus hijos y a su pareja, compartir las responsabilidades de la casa con ellos y, por otro lado, le pidieron buscar un cambio de trabajo, que aprendiera inglés para que en el futuro pudiera realizar su sueño de estudiar para ser estilista (el idioma era el primer paso), pero lo más importante era que tenía que aprender a amarse a sí misma y que tenía que soltar lo que no le correspondía. Revisamos desde dónde venía el bloqueo que no le permitía verse a sí misma y encontramos que, siendo niña, su madre se iba a trabajar y recargaba en ella responsabilidades que no le correspondían. Hicimos sanación con su niña interior en varias ocasiones. Aun así, Patricia no accionaba, no se movía del lugar en el que estaba, no se priorizaba, no ponía límites, no compartía las responsabilidades, no buscaba un cambio de trabajo, y ni siquiera se interesó en investigar qué podía hacer para aprender inglés. Después de varias sesiones de terapia, los ángeles me dijeron que ellos estaban dando la guía necesaria y abriéndole los caminos, pero que, si ella no tenía la voluntad de caminarlos, no había nada que hacer.

EJERCICIO Nº 18: PIDIENDO EL MENSAJE DE LOS ÁNGELES

Para realizar los ejercicios contenidos en este libro, te invito a copiar y hacer click en este link:

https://angelesentuvida.angelicabovino.mx/medicina-espiritual-meditaciones

O puedes acceder por medio de este QR:

Escaneo del sistema energético

La segunda parte de la angeloterapia es el escaneo del sistema energético. Lo que buscamos en esta parte de la sesión es observar, de manera focalizada, cada uno de los chakras del consultante. Esta observación nos dará información sobre la forma en la que la persona se para en la vida, sus prioridades, sus bloqueos, sus heridas y sus miedos.

Existen tres maneras de hacer este escaneo, la forma en la que se haga dependerá de los gustos y habilidades del terapeuta; la primera es a través de la clarividencia, observando, a través del tercer ojo, detenidamente cada uno de los chakras; la segunda es imponiendo las manos sobre el campo energético del consultante a la altura de cada chakra y la información se recibe a través de la clarisensibilidad; la tercera es con ayuda de un péndulo, que nos mostrará qué tan abierto o cerrado están los centros energéticos. Cabe mencionar que, a lo largo del escaneo, se siguen recibiendo mensajes de los ángeles enfocados en los aspectos de la vida con los que se relaciona cada chakra.

En este caso, en el primer chakra, es decir, en el chakra raíz, se verá cómo se relaciona la persona con el dinero, su situación laboral, si se siente o no segura en el mundo, su arraigo y si tiene alguna preocupación sobre sus bienes materiales.

En el segundo chakra, el sacro, se ve la salud de la persona, sus hábitos, la relación con su cuerpo, su sexualidad, el equilibrio entre la energía masculina y femenina, su capacidad de gozar y disfrutar de la vida, su creatividad.

En el tercero, plexo solar, se ve la autoestima, el poder personal, la capacidad de ponerse metas y lograrlas, el amor propio, el autorrespeto, el sentirse único e irrepetible y el saberse y sentirse merecedor.

En el cuarto, el corazón, se observa la capacidad de amar, qué tan abierto o no está el corazón de la persona, los sentimientos que alberga, sus relaciones y sus vínculos con sus seres significativos, etc.

En el quinto, la garganta, se observa la capacidad de la persona de comunicarse con el mundo, de ser auténtico y mostrarse sin máscaras, de comunicar su verdad de manera asertiva, clara, objetiva; también se ve la conexión con los chakras de los oídos y el chakra del timo, qué tan abierta está la persona a escuchar, a ser compasiva y empática con los otros.

En el sexto chakra, el tercer ojo, se observa qué tan inteligente es y se siente la persona, su capacidad de pensar, memorizar, discernir, entender, aprender, razonar y enseñar; vemos la sabiduría, qué tan conectada está con su sabiduría interior, con la sabiduría de su alma y con la sabiduría del Universo; por último, vemos qué tanto se permite usar su intuición y ver más allá de lo evidente.

El séptimo chakra, la coronilla, nos va a dar la pauta de cómo vive la persona su espiritualidad y cómo es su relación con Dios.

Al finalizar el escaneo de los chakras se observa el aura de la persona, qué tan expandida o contraída está, cuáles son sus colores (capítulo 2) y si existe algún bloqueo en la misma.

Normalmente, cuando escaneamos los chakras, no se da toda esta información, sino que los ángeles nos muestran en el escaneo aquellos aspectos que son relevantes y que requieren ser sanados.

Es en esta parte de la sesión cuando nos abrimos a ver quién acompaña a la persona; a veces percibimos la presencia de sus ángeles guardianes, a veces de un arcángel en particular, de un guía espiritual o de algún familiar fallecido.

En el caso de las enfermedades, recordemos lo aprendido en el módulo 2 sobre la estrecha relación que guardan los chakras con los órganos afectados, de esta forma, los ángeles nos muestran a través de los chakras, tanto los bloqueos que se presentan, como las emociones o pensamientos que los generaron.

EJERCICIO Nº 19: ESCANEANDO LOS CHAKRAS

Para realizar los ejercicios contenidos en este libro, te invito a copiar y hacer click en este link:

https://angelesentuvida.angelicabovino.mx/medicina-espiritual-meditaciones

O puedes acceder por medio de este QR:

Sanación

La última parte de la sesión es la sanación. Al igual que en otras terapias de sanación energética, el angeloterapeuta se convierte en un instrumento a través del cual se hará llegar la energía divina al consultante, esta energía, a su vez, es entregada por los arcángeles.

Recordemos que los ángeles y los arcángeles son mensajeros de Dios, entonces, la energía que ellos nos entregan es la energía de Dios manifestada de diferentes maneras por cada uno de ellos.

Cuando trabajamos en sanación, trabajamos con los 15 arcángeles que son mencionados en las tres principales religiones: cristianismo, judaísmo e islam. En el caso de mi escuela, Ángeles en tu Vida, trabajamos con cuatro arcángeles adicionales, que se han manifestado ante nosotros de diferentes maneras.

En el momento de la sanación no existe un orden preciso para saber cómo se van a presentar los arcángeles, ni cómo es que van a ayudar a restablecer el sistema energético de la persona. Ellos simplemente se van presentando ante el terapeuta y le van indicando lo que tiene que hacer.

A continuación, mencionaré quiénes son los arcángeles que trabajan en sanación, qué aspectos nos ayudan a sanar, cómo lo hacen y en qué chakras trabaja cada uno de ellos.

Arcángel Miguel

Su nombre significa «El que es como Dios». Su energía va del azul eléctrico al morado, su piedra es la sugilita o la amatista y su símbolo es la espada. El Arcángel Miguel nos va a ayudar a salir del miedo para ir al amor, lo hace protegiéndonos, cubriéndonos con su energía; nos impulsa a ser más valientes, a enfrentar nuestros miedos, nos recuerda que somos luz y que la luz disuelve la oscuridad.

Cuando nos encontramos ante situaciones de injusticia, el Arcángel Miguel nos ayuda a crear circunstancias más justas, tanto para nosotros, como para todas las personas involucradas en el asunto en cuestión.

El Arcángel Miguel nos impulsa a ser íntegros, honestos, a ser impecables y a llenarnos de fe. Es un arcángel que nos impulsa a seguir nuestros más altos anhelos, que nos da la fuerza y la motivación para lograr todo lo que nos propongamos en la vida.

En sanación, limpia nuestro sistema energético, retira bloqueos y corta con su espada los lazos que nos atan a situaciones del pasado, creencias, ideas, pensamientos y sentimientos erróneos que no nos permiten avanzar; nos cubre con su luz morada, creando un campo protector alrededor de nosotros. A veces, pone su espada en nuestra columna vertebral, con esto nos proporciona esta fortaleza para mantenernos erguidos en la vida, con la cabeza en alto. También, trabaja con nuestras raíces energéticas fortaleciéndolas y llenándolas de luz, favoreciendo así nuestra unión con la Madre Tierra.

Arcángel Raziel

Su nombre significa «Secreto de Dios». Es el arcángel sabio, se dice que él guarda todos y cada uno de los secretos del Universo.

Nos ayuda a abrir el tercer ojo, a ser y tener un mayor entendimiento espiritual, activa nuestra inteligencia, nos ayuda a conectar con nuestra sabiduría interior y con la sabiduría del Universo y a ser más intuitivos.

Se siente como la presencia de un viejo sabio, su energía es de los colores del arcoíris y su piedra es el cuarzo transparente.

Cuando pienso en el Arcángel Raziel, pienso en la energía de un mago, él nos muestra cómo activar nuestra propia magia, es por eso por lo que, aunque su símbolo podría ser el ojo, a mí me gusta relacionarlo con la varita mágica.

Su energía, en sanación, se siente como si fuera un rayo láser sobre el tercer ojo, iluminándolo, abriéndolo y llenándolo de luz. También nos quita las vendas (energéticas) de los ojos para que podamos ver con claridad cualquier situación de nuestra vida.

Arcángel Ariel

Su nombre significa «Leona de Dios». Es el arcángel de la ecología, de la naturaleza, de los animales y las plantas; ayuda a sanar a todos los seres vivos del planeta y al ecosistema en general.

En otro sentido, nos ayuda con todos los temas de nuestro chakra Tierra, aquellos temas relacionados con la supervivencia como podrían ser la prosperidad, los bienes materiales, el trabajo y sentirse seguro en el mundo.

Sus colores van del rosa al terracota, su energía es femenina y a la vez valiente, como la de una guerrera del Amazonas, su piedra es el ojo de tigre y su símbolo el árbol de la vida.

En sanación, el Arcángel Ariel trabaja directamente con nuestro primer chakra y con las raíces, iluminándolas y fortaleciéndolas, al igual que el Arcángel Miguel. Cuando la persona tiene una misión de vida relacionada con la ecología o los animales, trabaja en los chakras del plexo solar, corazón y tercer ojo. En ocasiones, cuando trabaja con el tema de prosperidad económica, se siente como una lluvia dorada sobre la persona que está sanando.

Arcángel Azrael

Su nombre significa «Ayuda de Dios». Es un arcángel profundamente compasivo y misericordioso. Asiste a las personas que están muriendo en su proceso de transición, mientras sostiene a los familiares en su pérdida; acompaña en los duelos, sana penas profundas y nos ayuda a entrar en contacto con nuestros familiares fallecidos.

Es muy serio, da la impresión de ser un ser muy viejo y sabio, su energía es de color blanco acremado, su piedra es la calcita o el ágata blanca. Me gusta asociar la energía de Azrael con los colibríes, que nos recuerdan la energía de nuestros familiares difuntos.

En sanación, actúa directamente en nuestro chakra corazón, lo hace de una manera hermosa, envolviendo nuestro corazón con sus alas, es como si nos dijera «aquí te resguardo, aquí tienes un espacio seguro para sentir y para sanar».

Arcángel Chamuel

Su nombre significa «El que ve a Dios». Él es el arcángel del amor, nos ayuda a abrir el corazón, a volver a sentir, a descubrir el amor incondicional en nuestro corazón y a expresarlo. Nos asiste en los procesos de dar y recibir amor y de generar vínculos profundos con las personas que amamos. Su energía es dulce y tierna, es de color rosa, aunque hay quien lo ve en color verde menta, su piedra es el cuarzo rosa y su símbolo, obviamente, el corazón.

El Arcángel Chamuel trabaja con nuestro chakra corazón, lo hace de una forma hermosa, primero retirando aquello que lo bloquea, lo que no nos deja entrar en contacto con el amor incondicional que existe en nuestro corazón, después, lo ilumina, lo engrandece, lo expande y, por último, vierte su luz, como si fuera un bálsamo que calma nuestro corazón, sana las heridas y nos hace sentir profundamente amados. Trabaja con los vínculos que nos unen a aquellos que amamos, restaurándolos, sanándolos y llenándolos de luz.

Arcángel Gabriel

Su nombre significa «héroe o fortaleza de Dios». Es un arcángel que nos va a ayudar en múltiples facetas. Por un lado, nos llena de fe y esperanza, no importa lo que esté sucediendo en nuestra vida, ni qué tan oscuro se vea el panorama, él siempre va a estar ahí para mostrarnos la luz al final del túnel. Es el arcángel de las buenas nuevas, nos va a mostrar siempre que lo mejor está aún por venir; también nos acompaña en los nuevos comienzos, en el alumbramiento de nuevas situaciones en nuestra vida; en este mismo tenor, es el arcángel que nos acompaña en el inicio de la vida, se dice que es el que se encarga de encaminar al alma en su proceso de encarnación, es por eso que es el arcángel de la gestación, el embarazo y el nacimiento, y también ayuda a los padres en procesos de adopción. Es el arcángel de la comunicación, nos ayuda a ser más positivos con nuestras palabras, a mejorar nuestras comunicaciones tanto de uno a uno, como a nivel masivo; por último, es el arcángel de los caminos, él nos muestra el camino, lo abre para nosotros, retira los obstáculos y nos acompaña a recorrerlo. Por si todo esto fuera poco, nos ayuda a sanar a nuestro niño interior.

En sanación trabaja de muchas maneras: en el primer chakra, nos muestra el camino que estamos recorriendo y nos abre nuevos senderos en caso de ser necesario; nos muestra cómo estamos con respecto al camino, si no lo estamos viendo, lo despliega ante nosotros; si no nos animamos a dar el primer paso, nos impulsa a ir hacia adelante; si nos estamos enfrentando a algún obstáculo, lo retira para que podamos avanzar o nos muestra la manera de sortearlo.

En el segundo chakra, trabaja con las madres que están embarazadas, es hermoso ver cómo llena de luz al bebé que se está gestando en el vientre de la madre y cómo se iluminan sus chakras; en el caso de que sea una mujer que se quiere embarazar, prepara su chakra sacro para recibir al bebé que está por venir y, en caso de que la pareja tuviera problemas para embarazarse, trabaja con los bloqueos a los que se están enfrentando.

En el corazón, nos llena de fe y esperanza ante lo que esté sucediendo en nuestra vida y nos ayuda a sanar a nuestro niño interior, envolviéndolo y cobijándolo con su luz. Y en el chakra garganta, lo abre, lo ilumina y lo conecta con los chakras corazón y tercer ojo, para que podamos expresar abiertamente nuestros pensamientos y sentimientos; a veces, lo conecta con nuestro plexo solar para que tengamos la valentía de expresar nuestra verdad más profunda.

Arcángel Haniel

Su nombre significa «Gracia de Dios». Es un arcángel con una energía mística que nos invita a despertar a los valores femeninos, como son la sensibilidad, la intuición, la creatividad, la magia, la capacidad de dar y compartir el amor, así como el recibir y el cuidar de otros. El Arcángel Haniel nos ayuda a lograr un equilibrio en el yin-yang, es decir, entre lo masculino y femenino, entendiendo que, tanto hombres como mujeres, tenemos ambas partes. Es el arcángel de la sexualidad, nos invita a vivir nuestra sexualidad libremente, a disfrutarla y a encontrar en ella el amor incondicional.

El Arcángel Haniel nos ayuda a encontrar nuestro más alto potencial, nos impulsa a vivir en la gracia, entendiéndola como ese estado de paz, armonía, plenitud y amor que todos merecemos. Nos ayuda a entender y honrar nuestros ciclos de vida y a gozar y disfrutar cada minuto de nuestra vida.

Es también el arcángel de la medicina alternativa, trabaja con la herbolaria, los elementos de la naturaleza y los ciclos lunares.

Su energía es de color blanco azulado, se asemeja a una diosa mística; en lo personal, lo asocio con la piedra Moon Stone y lo represento con el símbolo de la luna.

En sanación trabaja directamente con nuestro segundo chakra, el sacro. A veces, se siente como una danza de velos que enaltece nuestra feminidad, que despierta a la diosa interior y sana nuestra sexualidad.

Arcángel Jofiel

Su nombre significa «Belleza de Dios». Es el arcángel que nos va a ayudar a crear y a atraer belleza en nuestra vida. Él viene a sacarnos de nuestros pensamientos negativos, de la queja, del miedo y de la agresividad, para llevarnos a ver las bendiciones en cada situación, a ver el mundo con sus ojos y descubrir todas las bondades que ya existen para nosotros. Nos ayuda a pasar de una vida gris, triste y estresada a una vida alegre, llena de luz y de colores.

Nos ayuda a vibrar más alto, a ser agradecidos y a crear una vida abundante y plena. Su energía va en tonalidades amarillas, naranjas y fucsias, se manifiesta mucho a través de las flores. Su piedra es la turmalina rosa.

En sanación, trabaja con el chakra sacro, despertando en nosotros la alegría de vivir, el gozo y el disfrute por la vida; a veces, su energía se ve como un remolino color fucsia que recorre todo nuestro cuerpo llevándose la negatividad, en otras ocasiones, pone flores en nuestros ojos para que seamos capaces de ver la belleza de la vida.

Arcángel Jeremiel

Su nombre significa «Misericordia de Dios». Es un ángel que ayuda a sanar en dos sentidos: por un lado, nos invita a vivir en plenitud nuestros sentimientos y emociones, a abrazarlos, atravesarlos, sentirlos y a aprender de ellos, por otro lado, nos ayuda a hacer un alto en nuestra vida para hacer un balance de lo ocurrido, ya sea porque estamos en una situación que no entendemos, o porque tenemos que tomar una decisión de hacia dónde nos queremos dirigir. Cuando trascendemos, el Arcángel Jeremiel nos ayuda a hacer la revisión de nuestra vida, mostrándonos lo que hicimos bien, lo que logramos y lo que nos faltó por hacer. Su energía es color violeta, se siente como la presencia de un amigo sincero. Su piedra es la amatista y su símbolo un espiral.

En sanación, trabaja haciendo una espiral de luz violeta en nuestro corazón, ayudándonos a procesar y transmutar sentimientos estancados o bloqueados. También trabaja en nuestro tercer ojo, brindando claridad en las situaciones que requieren ser revisadas.

Arcángel Metatrón

Es el arcángel de la presencia, aunque su nombre es un misterio, algunos dicen que significa «aquel que ocupa el trono junto al trono divino». Antes de ser arcángel fue el profeta Enoc, quien se dice que caminó con Dios en la Tierra y, debido a su ejemplar vida y su fe, ascendió al cielo en un carro de fuego y fue convertido en arcángel.

Es un arcángel comprometido con el despertar de consciencia y está aquí para ayudarnos a crear una nueva humanidad; para lograrlo, nos asiste en alcanzar altos niveles de entendimiento espiritual, nos ayuda a entender sobre dimensiones, altas vibraciones, frecuencias, geometría sagrada, leyes universales, el funcionamiento del Universo, nuestro ser superior, el tiempo y el espacio, entre otros aprendizajes. Nos acompaña en el desarrollo de nuestra espiritualidad, siendo siempre respetuoso del nivel en el que nos encontramos.

Se dice que es el arcángel de los niños. Ayuda a los «niños espirituales», entiendo por este término a aquellos niños pertenecientes a ciertas generaciones que nacieron con una misión global de transformar a la humanidad como son los *lightworkers* en los 60's y 70's, índigos en los 80's, cristales en los 90's y la primera década de los 2000's, arcoíris entre el 2010 y 2020 y diamantes, quienes están naciendo actualmente. De la misma manera, asiste a los adultos que están cercanos a estos niños para ayudarlos a comprender sus dones especiales y acompañarlos en los temas de crianza.

Es el arcángel del orden y del tiempo. Mientras logramos entender que el tiempo es un concepto de la tercera dimensión, nos ayuda a gestionar estos conceptos en nuestra vida. Su energía es de color azul índigo y plateada, su piedra es la aventurina azul y su símbolo es el cubo de Metatrón y la flor de la vida.

En sanación, nos ayuda a curar colocando el cubo de Metatrón en la coronilla del consultante, brindando un mayor entendimiento espiritual y ampliando su consciencia.

Arcángel Rafael

Como ya mencionamos al inicio del libro, el Arcángel Rafael es el arcángel médico, su nombre significa «Dios sana». El Arcángel Rafael nos ayuda en tres diferentes aspectos de nuestra vida; por un lado, nos ayuda a sanar el cuerpo físico, lo hace acercándonos a los médicos y tratamientos más efectivos, pero su función no se queda ahí, también nos muestra el origen de la enfermedad y nos ayuda a sanarlo. El Arcángel Rafael nos incita a llevar una vida sana, a tener hábitos saludables que nos permitan tener una vida libre de enfermedades.

En otro sentido, el Arcángel Rafael también es reconocido como el arcángel viajero; al igual que acompañó a Tobías, nos acompaña en nuestros viajes, ayudándonos a que todo salga bien durante los mismos.

Y en una tercera instancia, el Arcángel Rafael es el arcángel de los matrimonios; así como ayudó a Tobías y a Sara, ayuda a ahuyentar a los demonios de los matrimonios, entendiendo como tales al tedio, la rutina, la falta de comunicación, etc.

La luz del Arcángel Rafael es color verde esmeralda y sus símbolos son el pez y el báculo.

En sanación, el Arcángel Rafael nos muestra los posibles órganos que están enfermos, a la vez que envía luz al chakra sacro, también lo hace a las partes del cuerpo afectadas, abriendo los caminos para que el paciente logre la sanación anhelada. Desde el chakra sacro, nos muestra aquellos hábitos que el paciente tiene que cambiar o mejorar y da mensaje sobre los pasos a seguir. Es muy común que, si la enfermedad se originó por un sentimiento no expresado o por un bloqueo energético en otro chakra, el Arcángel Rafael se dirija con su luz al chakra corazón, o en su defecto, al chakra afectado.

En el caso de los matrimonios, el Arcángel Rafael trabaja junto con el Arcángel Chamuel y el Arcángel Raguel en el chakra del corazón y en los vínculos que unen a la pareja.

En el caso de los viajes, basta con pedirle al Arcángel Rafael que nos envuelva con su luz verde esmeralda para que nos sintamos protegidos y acompañados por él en nuestra aventura.

Arcángel Raguel

Su nombre significa «amigo de Dios». Es un arcángel que nos va a ayudar en todo lo referente a las relaciones que establecemos con otras personas. Él nos ayuda cuando estamos en una relación tóxica, de abuso de poder o manipulación; crea armonía y orden en las relaciones, ayuda a resolver disputas y busca soluciones que sean favorables para todos los involucrados. Su energía es color aqua, es suave y confortante, es un arcángel amigable y entusiasta que se presenta como una combinación de abogado, terapeuta, consejero y coach motivacional. Su piedra, la aguamarina. Me gusta simbolizarlo con dos corazones entrelazados.

El arcángel Raguel, en sanación, trabaja con el chakra corazón y con el vínculo que nos une a la otra persona, sanándolo, restaurándolo y activando la energía que se comparte. Al final, envuelve a las dos personas involucradas en su luz color aqua, llenándolas de paz, amor y armonía.

Otra forma en la que he visto trabajar al Arcángel Raguel en las terapias es mostrándonos el círculo de relaciones del consultante; nos señala a aquellas personas que quizás están lejos y deberían de estar más cerca; a aquellas que, estando cerca, deberían de estar más lejos, nos indica personas que necesitan salir del círculo y nos señala los espacios vacíos que requieren ser llenados.

Arcángel Sandalfón

Es el arcángel de la música y la alegría, su nombre significa «Hermano», ya que se dice que es hermano del Arcángel Metatrón. Es otro hombre que fue ascendido a arcángel por su ejemplar vida en la tierra.

Su función principal es llenar nuestra vida de alegría, alejarnos de la tristeza y acercarnos a la felicidad; lo hace a través de la música. Es el arcángel que inspira a los músicos y compositores, nos da mensajes a través de la música, ya sea la que escuchamos en el exterior, o esas canciones que escuchamos dentro de nuestra cabeza constantemente y que, si analizamos tantito, nos daremos cuenta de que están llenas de mensajes. Nos ayuda a despertar la energía lúdica de nuestro niño interior, a volver a reír a carcajadas, a jugar, a divertirnos y a asombrarnos por los pequeños y grandes milagros de la vida. Su energía es color turquesa, es un arcángel juguetón y, a veces, pareciera que nos hace cosquillas. Su piedra es la turquesa y me gusta representarlo con notas musicales.

Normalmente, trabaja en nuestro chakra sacro y el chakra del corazón, lo hace a través de ondas de luz que, a veces, si observamos con detenimiento, parecen las partituras de una melodía.

Arcángel Uriel

Su nombre significa «Luz de Dios». Es quien se encarga de recordarnos que nosotros también somos luz. Es un arcángel maravilloso que viene a mostrarnos quiénes somos en realidad, viene a enseñarnos nuestra luz interior; trabaja con nuestra autoestima, mostrándonos nuestros dones, talentos y virtudes; recordándonos que somos únicos e irrepetibles y perfectos en nuestra imperfección. Él nos recuerda que somos importantes para nuestro entorno y que, cuando compartimos nuestra verdad con otros, hacemos de este mundo un mejor lugar. El Arcángel Uriel nos recuerda nuestro linaje, nos dice de dónde venimos: somos los hijos muy amados de Dios, el simple hecho de observar esta verdad irrefutable, ya nos hace merecedores de vivir en la luz, la abundancia y el amor incondicional.

El Arcángel Uriel nos invita a vernos a nosotros mismos con compasión, a perdonarnos por nuestros errores del pasado, siempre en la consciencia de que somos seres en evolución, que aprendemos de nuestros propios errores. Nos ayuda a tener una vida libre de culpa y arrepentimiento. Nos recuerda que somos poderosos más allá de lo que nosotros creemos y que solo tenemos que activar este poder para lograr cualquier cosa que nos propongamos.

En otro sentido, se le relaciona con los fenómenos meteorológicos y las catástrofes, por lo que siempre podremos acudir a él en caso de encontrarnos en una situación de desastre natural.

Su piedra es la citrina, su símbolo es el rayo, pero me gusta también representarlo con una corona porque constantemente nos recuerda que somos reyes y reinas.

En sanación trabaja directamente con el plexo solar, su energía es como un chorro de luz que entra directamente a este chakra, abriéndolo y activando todo nuestro poder.

En caso de los desastres naturales, solo tenemos que llamarlo y sentir que nos envuelve en su poderosa luz dorada, para sentir que estamos siendo protegidos por él.

Arcángel Zadkiel

Su nombre significa «Rectitud de Dios». Es considerado el arcángel de la misericordia y la benevolencia. Es un arcángel que trabaja con las profundidades de nuestra alma, haciéndonos ver la belleza de nuestro ser, aun en nuestros aspectos más profundos y escondidos. Es también el arcángel de la compasión, él nos presta sus ojos para que podamos ver a otros con ojos de compasión, es decir, entendiéndolos desde su historia, sus heridas, sus creencias limitantes, su educación, para que podamos entender desde dónde actuó como lo hizo; cuando esto sucede, podemos ver al niño herido en los ojos del otro y es ahí donde el perdón ocurre de una manera prácticamente mágica.

El Arcángel Zadkiel nos ayuda a sanar nuestros pensamientos, aleja de nosotros los pensamientos negativos, repetitivos o catastróficos; nos ayuda a tener claridad mental cuando la requerimos y a mejorar nuestra memoria. De hecho, en este tema de la memoria, va todavía más lejos, ayudándonos a recordar situaciones de vidas pasadas que son relevantes en esta vida; se dice que el Arcángel Zadkiel es el cuidador de los Registros Akáshicos (junto con el Arcángel Metatrón y el Arcángel Raziel) por lo que él tiene acceso al registro de todos los hechos vividos por nuestra alma. El Arcángel Zadkiel nos impulsa a vivir nuestra espiritualidad de manera más profunda.

Por último, el Arcángel Zadkiel nos ayuda, al igual que el Arcángel Chamuel, a encontrar objetos perdidos. Su luz es color azul marino y en ocasiones se ve violeta, su piedra es el lapislázuli. Me gusta representar a Zadkiel con la flor de loto.

En sanación, trabaja con el chakra corazón, el chakra del timo (chakra secundario), el tercer ojo y nuestros ojos físicos, y con la coronilla. Cuando se trata de generar compasión y perdón nos presta sus ojos para que podamos ver a la persona que nos lastimó. Llena de luz nuestro chakra corazón y chakra del timo. Cuando trabaja con el pensamiento y la memoria, trabaja con nuestro tercer ojo, iluminándolo; por último, cuando se trata de enaltecer nuestra espiritualidad, ilumina nuestra coronilla, activando nuestra conexión con lo divino.

Arcángel Nathaniel

Su nombre significa «Regalo de Dios». En ocasiones, cuando él aparece, se siente como una sorpresa. Es el arcángel de los cambios y las transformaciones. Pasa por nuestra vida llevándose, de manera abrupta, todo aquello que no nos permite alcanzar nuestro más alto potencial, lo que nos aleja de nuestra verdad más sublime y lo que no nos deja vivir en paz. A veces se puede sentir como un momento devastador en el que sentimos que perdemos mucho, pero siempre es para dejar el terreno fértil para un nuevo comienzo.

Es un arcángel que viene a encender la pasión en nuestro corazón, que viene a sacarnos de la monotonía y la preocupación, y nos ayuda a conectarnos con aquellos aspectos que nos hacen sentir vivos. Trabaja de la mano con el Arcángel Miguel, quien con su espada va ayudando a cortar los lazos con las situaciones o personas tóxicas, y con el Arcángel Gabriel quien ayuda a generar las nuevas situaciones.

Debido a su forma abrupta y contundente de aparecer y de actuar, se siente a veces como un huracán, un tornado o un terremoto. Casi siempre su presencia viene acompañada de mareos, calor y/o aire. Es un arcángel intenso y apasionado. Su energía es de color rojo y, a diferencia de otros ángeles, se puede ver con facilidad con los ojos físicos. Su piedra es el rubí, la howlita roja o la roca volcánica, en donde él mismo dice que sentiremos su presencia con facilidad.

En sanación, trabaja creando un tornado de energía roja en el campo áurico del consultante.

Arcángel Barachiel

Su nombre significa «Bendiciones de Dios». Es considerado el arcángel de la risa, la alegría y la nutrición. El Arcángel Barachiel, a veces, se muestra con una rosa blanca contra el pecho o con pétalos de rosas esparcidos en su ropa, en otras ocasiones, se representa con una canasta de pan.

Su misión es abrir nuestros corazones para estar más abiertos a todo lo bueno, nos enseña a nutrir el alma y el cuerpo para llevarnos a una vida de mayor plenitud.

Con respecto a la alimentación, nos muestra qué alimentos nos nutren mejor y nos ayuda a alejarnos de alimentos y situaciones que nos resultan tóxicas.

En la parte del corazón, nos ayuda a abrirlo, trayéndonos situaciones nutricias que nos llenen de alegría y felicidad, que nos hagan sentir más plenos.

Trabaja de la mano con el Arcángel Sandalfón. Se ve como un ángel regordete y bonachón, es amable, simpático, generoso y bondadoso. Su energía es de color azul cielo y, aunque sus símbolos son los panes y las rosas blancas, me gusta representarlo con una manzana.

En sanación, llena con su luz azul cielo el chakra sacro y el corazón.

Arcángel Cassiel

El Arcángel Cassiel es el ángel de la templanza, la solitud y las lágrimas. Se le asocia con los dragones y, a veces, se presenta montado en uno.

Entre sus funciones, nos ayuda a aprender a ser pacientes mientras nos impulsa a superar obstáculos que nos mantienen sumidos en la tristeza y la soledad. Nos provee serenidad y enseña moderación, calma, templanza y sobriedad.

El Arcángel Cassiel es el arcángel que nos ayuda a sanar el karma, ayudándonos a entender la Ley de la causa y efecto y, a tomar consciencia sobre las decisiones que tomamos para hacernos responsables de cada uno de nuestros actos.

Nos ayuda a sanar aquellos patrones que tenemos muy arraigados y que obstaculizan nuestro crecimiento y bienestar. Nos asiste en hacer planes a largo plazo.

Es un arcángel sobrio, serio y misterioso. Su energía es muy sutil y en ocasiones no se deja ver, pero sentimos su presencia. Sus colores son gris, café o negro. Su piedra es la obsidiana negra o el ónix.

Cuando se presenta en terapia, lo hace sanando el chakra del corazón y el del tercer ojo.

Arcángel Orión

Se presenta a sí mismo como el Arcángel de las estrellas. Es un arcángel relativamente nuevo para nosotros en el plano terrenal, sin embargo, su existencia data de cientos miles de años atrás. Se siente como un ser antiguo y lleno de sabiduría. Su piedra es la selenita y su símbolo es la estrella.

Es el arcángel del cosmos y una de las funciones principales es elevar nuestra consciencia, ayudarnos en el proceso de ascensión hacia la quinta dimensión y hacernos saber que, también nosotros, somos parte del Universo. Él viene a mostrarnos nuestro potencial más alto y nuestra divinidad, a enseñarnos que somos seres infinitos, poderosos y luminosos. Viene a ayudarnos a trabajar con nuestra alma y nuestro ser superior.

Entre otras cosas, nos ayuda a manifestar y canalizar altos niveles de energía divina, a entrar en contacto con seres estelares y a desarrollar nuestra misión de vida.

Sus colores van del azul marino al morado intenso, con destellos de luz plateados y rosas. Su energía es muy fuerte y se siente como chispas de luz. Se presenta muchas veces como un rostro formado de estrellas. Trabaja de la mano con el Arcángel Metatrón, el Arcángel Miguel y la Madre María, trayendo luz en medio de la oscuridad (como las estrellas) y recordándonos que también nosotros podemos reflejar esa luz para otras personas que lo necesiten.

En sanación trabaja con nuestro chakra corona y con los chakras superiores.

Cierre de la sanación

Si bien, cada terapeuta puede tener su propia técnica para cerrar la sesión, a mí me gusta cerrarla de la siguiente forma: Al terminar el proceso de sanación con los arcángeles, visualizo a la persona bajo la cascada de luz divina que, para mí, es la fuerza más poderosa, sanadora y amorosa que existe. ¿Qué puede ser más poderoso que la luz de Dios? Al hacerlo, en mi mente siempre hago el mismo enunciado: «Que la luz de Dios y de todos los ángeles sanen todo aspecto de tu vida».

Inmediatamente después, pido para la persona protección: La luz morada de Arcángel Miguel, el manto estrellado de la Virgen, tres ángeles alrededor y la luz de Cristo formando un círculo. Con esto cierro la sesión de sanación.

Cabe mencionar que yo también me pongo bajo la cascada de luz divina para poder limpiar mi propio campo energético después de una sesión y no quedarme con la energía de mi consultante y para sanar cualquier cosa que haya surgido en mí durante la terapia.

EJERCICIO Nº 20: SANANDO CON LOS ARCÁNGELES

Para realizar los ejercicios contenidos en este libro, te invito a copiar y hacer click en este link:

https://angelesentuvida.angelicabovino.mx/medicina-espiritual-meditaciones

O puedes acceder por medio de este QR:

El proceso de sanación y la angeloterapia

Antes de cerrar el tema de la angeloterapia, quiero comentar algo que me han enseñado los ángeles: La angeloterapia es solo una parte del proceso de sanación. Ellos me han mostrado, infinidad de veces, que la verdadera sanación comienza cuando la persona se abre a recibir la ayuda de los ángeles; en muchas ocasiones, esto se da en el momento en que decide solicitar una terapia y es increíble, desde ahí se empiezan a obrar los milagros. Infinidad de veces me he topado con consultantes que, al llegar a la sesión, me dicen: «Angie, yo venía para recibir guía sobre una situación en particular, pero justo después de agendar la cita, sucedieron cosas que hicieron que el problema que estaba enfrentando se desbloqueara». Cuando el paciente tiene sus canales intuitivos abiertos, empieza a recibir guía desde antes de llegar a la terapia y la energía de los ángeles empieza a trabajar desde ese preciso momento.

Una vez terminada la sesión de terapia, el proceso de sanación continúa. Los ángeles me han hecho saber, una y otra vez, lo poderosa que es la intervención de la energía divina. Cuando ponemos nuestros asuntos en la luz, estamos dando permiso a la divinidad de tomar cartas en nuestra vida, de transformarla; esto, sin duda alguna, es una fuerza superpotente que mueve montañas, que va a hacer que lo que no está en armonía salga a la luz para ser sanado y que va a potencializar todas las áreas de nuestra vida. Una vez llevada a cabo la sanación, se requiere de un tiempo para que lo que se trabajó en terapia se concrete; van a suceder cosas inesperadas, se descubren secretos, se abren puertas y se cierran otras, se sanan relaciones (o se terminan), se inician nuevos caminos, surgen nuevas ideas y proyectos, pero lo más importante será que el consultante se sentirá de una manera diferente, quizás más tranquilo, empoderado, dueño de su existencia, pleno o con más claridad de los pasos que tiene que dar para decidir el rumbo que le tiene que dar a su vida.

Este fue el caso de Martha, ella es amiga mía y un día, hace ya algunos años, mientras caminábamos en la montaña, me platicó todos los problemas a los que se estaba enfrentando en su matrimonio. Me decía que tenía años en los que no sentía ningún tipo de conexión con su esposo, no tenían vida sexual, él se desentendía de la crianza de sus hijos adolescentes, se le notaba ausente y carente de interés en los temas de pareja y familia. Ella se sentía sola y desesperada, pero por más que había tratado de conectar con él, no lo lograba. Habían asistido a una terapia de pareja sin lograr ningún tipo de avance. Al escuchar a mi amiga, sentí una profunda compasión por ella; entendía perfectamente la impotencia y frustración que sentía ante esta situación. Al llegar a la cima de la montaña le propuse que hiciéramos una meditación para poner su relación de pareja en las manos de Dios, y así lo hicimos. Fue una meditación hermosa en la que ella se rindió ante Dios y le entregó su relación; se hizo una sanación profunda de la relación con los arcángeles Raguel, Chamuel, Rafael y Miguel. Al final, la cascada de luz divina sobre ellos sanando todos sus asuntos. Ella se quedó muy en paz con esta meditación de sanación.

Todo esto sucedió un domingo por la mañana, el miércoles por la noche, ella me llamó para decirme que uno de sus hijos había descubierto, a través de una conversación de WhatsApp, que su papá tenía una amante; ahí empezó el proceso, la revolución. En ese momento, Martha estaba confundida. ¿Cómo había sucedido todo esto, si lo acababa de poner en manos de Dios? De manera casi inmediata se separaron y meses después se divorciaron. Para Martha esto fue un parteaguas en su vida, empezó a trabajar en ella misma, en su autoestima, en su poder personal. Como ha podido, ha sacado a sus hijos adelante, dándoles inclusive, la oportunidad de estudiar carreras en universidades privadas, todo esto sin la ayuda de su exmarido. Ella misma estudió una maestría y ha seguido creciendo, trabajando en ella y desarrollándose para ser la extraordinaria e increíble mujer que es hoy.

Hoy entiende que lo sucedido fue una bendición, que todo pasó de la manera en que tenía ser para su más alto bien y que Dios y los ángeles no la han soltado en ningún momento y, sin duda, la han llevado a su más alto potencial. También sabe que el proceso de sanación aún no ha terminado, estoy segura de que su nuevo camino la seguirá llenando de bendiciones y que muy pronto llegará a su vida una persona que la amará y acompañará de la manera en que ella se merece.

Para mí, este proceso es como si metieras tu vida en una mezcladora y la agitaras: posiblemente las partículas de tu vida se van a desacomodar y hay que dar tiempo de que se asiente en un nuevo orden.

Por eso es importante que el consultante sepa que, después de una sesión de terapia con ángeles, es normal sentirse «raro», a lo mejor confundido, sensible, incluso hasta enfermo (cuando se presentan las crisis curativas de liberación); se requiere permitir que se asiente la energía para que todo se acomode nuevamente.

A veces pienso que el proceso de sanación se comporta como un péndulo, de estar en el punto A, nos lleva a experimentarnos al punto C, para después llegar al punto B, que es como un término medio.

En una ocasión le di terapia a Magda. Uno de sus temas fue la incapacidad que sentía de permitirse sentir enojo y expresarlo. Hicimos la sesión, trabajamos con los arcángeles Miguel, Uriel y Gabriel. Unos cuantos días después de la sesión, Magda me habló para quejarse. Me dijo: «¿Qué me hiciste?, llevo días enojada con el mundo, ¡me enojo con todos y me la paso reclamándoles!». Me dio mucha risa que también me reclamará a mí, pero, como se lo dije a ella, era parte del proceso; muy pronto llegaría a un término medio en el que podría poner límites de manera natural sin estar enojada todo el tiempo.

Sea como sea, después de un proceso de sanación se requiere tener paciencia y volverse observador de las circunstancias personales, sabiendo que, una vez que pongamos nuestros asuntos en las manos de Dios, TODO lo que suceda será para nuestro más alto bien, incluso aquellas situaciones que para nuestros ojos humanos parezcan negativas. Debemos recordar que es un proceso y permitirle que se vaya desenvolviendo poco a poco.

SANACIONES INSTANTÁNEAS Y EL VERDADERO MILAGRO EN LA SANACIÓN

Como comenté en la introducción, muchas personas acuden a la angeloterapia buscando un milagro, una sanación instantánea del mal que las aqueja; buscan que los ángeles desaparezcan sus síntomas de manera inmediata y que la enfermedad simplemente se esfume.

A lo largo de la existencia humana, hemos visto miles de historias sobre este tipo de milagros. Sí existen. Jesús fue capaz de decirle a Lázaro, aun estando muerto: ¡*Levántate y anda*! Y hay miles de testimonios de personas que han tenido este tipo de sanaciones milagrosas.

Desde mi práctica como angeloterapeuta, he visto que la angeloterapia sí ayuda a disminuir ciertos síntomas; pero hasta este momento a mí no me ha tocado y no he visto una sanación instantánea como tal; nadie se ha levantado de la camilla de sanación totalmente curado de su enfermedad.

En una meditación, le pregunté al Arcángel Rafael sobre esto y me contestó que las enfermedades están aquí para que se efectúe una sanación aún mayor, para que la persona sane el origen, para que tenga un aprendizaje significativo, descubra su misión de vida y para que sea maestro para otros, entre otras cosas. Entonces, ¿cuándo sí se efectúan este tipo de milagros? Cuando el aprendizaje se cumplió, cuando la enfermedad cumplió su objetivo o cuando la realización de dicho milagro es el gran aprendizaje de la enfermedad.

La sanación se puede dar de manera instantánea, siempre y cuando el aprendizaje y el objetivo de la enfermedad se hubiera culminado y se reconozca la verdad o el propósito de la misma; sin embargo, la mayoría de las veces, la sanación de la enfermedad requiere de un proceso de introspección y de sanación que va más allá del cuerpo mismo.

El Arcángel Rafael ha sido muy claro que para que dicho milagro se efectúe se tienen que conjuntar muchas cosas: la fe inquebrantable de la persona a sanar y del sanador y la culminación del aprendizaje obtenido.

En esta misma canalización, el Arcángel Rafael me señaló que el verdadero milagro no es la sanación, sino el camino que recorremos para llegar a la misma. Carl Jung le llama «el oro» que nos da la enfermedad, los ángeles le llaman bendiciones escondidas.

Andrea era una angeloterapeuta certificada por mi institución. Hace algunos años, ya siendo angeloterapeuta, fue diagnosticada con cáncer de mama. Inmediatamente, me buscó para solicitarme una sesión. En la terapia, el Arcángel Rafael le hizo ver que esta enfermedad era una maestra de vida, venía a enseñarle a amarse a sí misma, a ponerse en primer lugar y a cuidarse por sobre todas las cosas; además, venía a llevarla a un nuevo nivel en su espiritualidad.

Andrea estaba casada y tenía dos hijos a los que amaba fervientemente; cuidaba a sus padres y siempre estaba al pendiente de sus amistades. Era una mujer comprometida con los demás. Antes del diagnóstico, su entrega era tal que, en muchas ocasiones, llegaba a pasar por encima de sí misma para satisfacer los deseos y necesidades de otros. Andrea tenía todo en la vida, pero no se tenía a sí misma.

En la parte espiritual, a pesar de ser angeloterapeuta, me expresó que vivía esta desde un lugar un tanto superficial, meditaba cuando se acordaba, invocaba a los ángeles y a Dios solo cuando los necesitaba.

Recuerdo que algunos meses después fui a su ciudad a dar un curso al que ella asistió. Había perdido todo su pelo por las quimioterapias y llevaba un paliacate en la cabeza; a pesar de eso, ¡se veía hermosa! Había algo en ella que no había visto nunca, brillaba, resplandecía. Cuando se lo expresé, me dijo que había encontrado al amor de su vida, ¡se había encontrado a ella misma! Durante todos esos meses se había dedicado a cuidarse y a amarse y, aunque seguía presente para los demás, ella era ahora su prioridad. Había buscado una sanación integral; además de las quimios, meditaba todos los días, tomaba terapia, había cambiado su alimentación y se daba la mejor medicina: una dosis diaria de amor propio. En cuanto a su espiritualidad, me dijo que se había rendido ante Dios. Todos los días meditaba al despertar, le pedía a Dios y a los ángeles que la pusieran bajo la cascada de luz divina, se había entregado a su voluntad *y sabía que Dios la tenía sostenida. En esas meditaciones hablaba con Dios y recibía los mensajes de amor más hermosos que jamás hubiera escuchado.*

Al pasar el tiempo, en algún momento tuvimos una conversación telefónica y ella me dijo: «si pudiera regresar el tiempo, si me dieran a elegir entre vivir o no la enfermedad, elegiría vivirla nuevamente; esta enfermedad vino a traerle un significado mucho más profundo a mi vida; hoy me doy cuenta de que antes estaba muerta en vida, hoy ¡me siento viva!».

En el diagnóstico inicial, los médicos auguraron un año más de vida; Andrea vivió seis años más. A pesar de su enfermedad, ella disfrutó cada minuto; viajó, bailó, cantó, abrió aún más su corazón y amó profundamente.

Sin duda, su enfermedad trajo un gran aprendizaje no nada más para ella, sino para todos los que estábamos a su alrededor. ¡Gracias Andrea por toda la luz que trajiste a nuestras vidas! Desde acá te recuerdo con mucho cariño.

EJERCICIO Nº 21: DESCUBRIENDO LAS BENDICIONES ESCONDIDAS DE LA ENFERMEDAD. MEDITACIÓN CON EL ARCÁNGEL RAFAEL

Para realizar los ejercicios contenidos en este libro, te invito a copiar y hacer click en este link:

https://angelesentuvida.angelicabovino.mx/medicina-espiritual-meditaciones

O puedes acceder por medio de este QR:

5

LA ENFERMEDAD COMO MAESTRA DE VIDA

Recordemos que la enfermedad está aquí como portadora de un mensaje, está aquí para que escuchemos, para que aprendamos lo que quizá no hemos querido o podido ver o entender en nuestro corazón o en nuestra consciencia.

Visto de esta manera, lo primero que tenemos que hacer es escuchar a nuestra enfermedad: qué es lo que nos quiere decir, qué es lo que nos pide que hagamos o cambiemos en nuestra manera de estar en la vida, en nuestros sentimientos, pensamientos, relaciones, creencias, hábitos, etc.

Una vez que escuchemos a la enfermedad, una vez que nos muestre aquello que necesitamos sanar en nosotros mismos, es momento de accionar, de tomar las riendas de nuestra vida y realizar las sanaciones que correspondan, de cambiar los hábitos, de mejorar nuestro estilo de vida, de salirnos de la cárcel de miedo que nosotros mismos nos construimos. No olvidemos nunca que vinimos a aprender, elegimos diferentes facetas de la vida humana para tener experiencias que nos ayuden a conocernos más y a evolucionar de manera consciente.

De nada nos serviría hacer todo lo que he mencionado en este libro si no somos capaces de aprender de la enfermedad, si no somos capaces de tomar las lecciones que nos trae y usarlas para convertirnos en mejores seres humanos, para evolucionar, para replantearnos nuestra vida y darle valor a lo que realmente importa, para llevarnos a nuestro más alto potencial.

No debemos de olvidar que, en ocasiones, las enfermedades son el vehículo para traer salud al alma; que, desde una perspectiva espiritual, todo lo que vivimos en este plano terrenal está al servicio del crecimiento y desarrollo de nuestra alma y, las enfermedades pueden ser situaciones maestras para que esto se dé.

Al parecer es Dios, vivo en cada uno de nosotros, quien se experimenta a sí mismo a través de nuestras vidas para llegar, en todos los casos, a lograr una misión última: el amor incondicional.

No se trata de un castigo que hayamos elegido en determinada vida o determinadas circunstancias, estamos aquí para experimentar el amor en todas y cada una de sus facetas. Eso incluye los momentos de dolor y desesperación. Nuestra misión es aprender de estos momentos para trascenderlos y convertirlos en energía amorosa, de ayuda y servicio hacia los demás.

A veces, estas ideas nos son difíciles de entender, sobre todo cuando queremos explorarlas desde un razonamiento totalmente humano. Para lograr comprenderlas necesitamos dejar de vernos a nosotros mismos como humanos viviendo una experiencia espiritual y comenzar a vernos como seres espirituales viviendo una experiencia humana.

Para poder entender la enfermedad desde una perspectiva más elevada, necesitamos reconocerla como maestra de vida y cuestionarnos:

- ¿Qué tengo que aprender de esta enfermedad? ¿Qué enseñanzas profundas me deja? ¿Cómo es que esta enfermedad se convierte en mi maestro espiritual?

- ¿Qué habilidad/talento/don estoy desarrollando a partir de esta enfermedad? Quizá esta circunstancia en particular exija que sea más fuerte, más compasivo, más tolerante o más cauteloso. ¿Cómo es que esta enfermedad me obliga o me hace crecer como persona?
- ¿Qué requiero hacer o cambiar en mi vida para salir airoso de esta enfermedad? Quizá implique actuar de una forma diferente, desarrollar ciertos talentos, poner límites, aprender a respetarme más a mí mismo, etc.

Cuando tenemos una enfermedad luchamos por sacarla de nuestro cuerpo, por alienarla. La rechazamos. ¿Qué pasaría si en lugar de verla como una enemiga, le diéramos la bienvenida, la aceptáramos y le agradeciéramos su aprendizaje? ¿Qué pasaría si aprendiéramos a ser compasivos con nosotros mismos y nuestro cuerpo? Y si, a pesar de estar enfermo, ¿lo amáramos incondicionalmente? ¿Qué pasaría si agradeciéramos esta experiencia de crecimiento y todas las bendiciones escondidas que nos trae?

Wayne Dyer, en una de sus conferencias, platicaba de cómo su hija de 7 años le enseñó lo siguiente: la niña estaba llena de ronchas que no desaparecían a pesar de haber intentado ya varios tratamientos médicos, hasta que un día, de la noche a la mañana, amaneció sin las ronchas. Sus padres se cuestionaban cómo había sido posible que sucediera así, sin más, a lo que ella contestó que había tenido una seria conversación con las ronchas, que les había agradecido que estuvieran en su vida y les había dicho que ya no las necesitaba, que la forma en que se había curado a sí misma había sido llenando de amor sus ronchas.

La luz disuelve la oscuridad, el amor disuelve el miedo. Si la enfermedad es miedo, quizá la podamos disolver a partir del amor.

RECONOCER EL APRENDIZAJE, AGRADECER Y AMAR

Una vez trabajado el síntoma, una vez descubierto el origen de la enfermedad, se puede hablar con el cuerpo, el síntoma o la misma enfermedad y reconocerla como la maestra que fue.

Agradecerle el mensaje que trajo, agradecerle el haber sido vehículo para la sanación del espíritu y expresarle nuestro amor incondicional, haciéndole saber que ya no es necesario que se quede, porque ya aprendimos la lección que trajo.

Cabe mencionar que, si la enfermedad no se va, es porque aún tenemos cosas que aprender de ella. Quizá el aprendizaje que nos está trayendo es mucho más profundo de lo que nosotros mismos nos imaginamos.

LAS ENFERMEDADES COMO FUENTE DE CRECIMIENTO

Te preguntarás por qué a veces la sanación en el cuerpo físico no se efectúa de forma inmediata, por qué a veces el paciente pide sanación y, aún así, sigue enfermo.

Una primera causa es porque el paciente no tiene la voluntad de sanar, porque jugar el papel de enfermo le otorga ciertos privilegios; en estos casos, hay que preguntarle qué beneficios obtiene de la enfermedad, por ejemplo, el cariño o la atención de su familia, y explorar de qué otra manera puede seguir obteniendo estos beneficios sin estar enfermo; hacerle ver que hay otros caminos más benévolos para él.

Ahora bien, existe otra razón de mayor peso; en ocasiones ustedes piden la sanación del paciente y a veces la enfermedad misma es el proceso de sanación. La enfermedad trae implícito un proceso de crecimiento —de darse cuenta—, de aprendizaje que conlleva una sanación mucho más profunda que la enfermedad física.

A veces, cuando pides sanación, lo que nosotros hacemos es acelerar los procesos de aprendizaje.

Te preguntarás qué pasa con los niños y con los ancianos. En este proceso de aprendizaje se involucra a los que están alrededor de la persona, de manera que todos obtienen crecimiento a partir de la enfermedad. Te recuerdo que todos ustedes vienen a esta vida con la intención de aprender algo específico y, en muchas ocasiones, la enfermedad es parte del proceso de aprendizaje.

Cuando ustedes se vuelven seres conscientes, pueden pedir que el proceso de aprendizaje venga de una manera más suave, de manera que puedan aprender la lección y ver las bendiciones escondidas que están detrás de la enfermedad.

Ahora, cuando sean total y absolutamente conscientes, pueden pedir SALUD PERFECTA, cuando finalmente sepan (y se lo crean) que están hechos a imagen y semejanza de Dios, cuando estén conscientes, absolutamente conscientes de que la DIVINIDAD HABITA EN CADA UNO DE USTEDES y que cada uno de ustedes es TOTAL Y ABSOLUTAMENTE PERFECTO, entonces, ya no necesitarán de las enfermedades para sanar su alma.

Sé que estos conceptos les resultarán un tanto complicados a algunos de ustedes, pero simplemente regístrenlos, guárdenlos en *su corazón y en su memoria, llegará el día en que tendrán más sentido para ustedes.*

Estamos con ustedes, amándolos y acompañándolos siempre,

Arcángel Rafael

EJERCICIO Nº 22: ¿CÓMO ESTA ENFERMEDAD ES MAESTRA EN MI VIDA?

Para realizar los ejercicios contenidos en este libro, te invito a copiar y hacer click en este link:

https://angelesentuvida.angelicabovino.mx/medicina-espiritual-meditaciones

O puedes acceder por medio de este QR:

6

CUANDO LA ENFERMEDAD SE VUELVE PANDEMIA
(El camino hacia la nueva humanidad)

Anteriormente, te conté la historia de cuando enfermé con el CO-VID-19. Estoy segura de que cada uno de los lectores de este libro tendrá sus propias historias y aprendizajes, ya que esto fue algo que nos sucedió a todos. Pero ¿por qué tendríamos que enfermarnos todos o una gran mayoría de las personas al mismo tiempo? ¿Para qué teníamos que pasar por esto? ¿Cuál es el aprendizaje, la gran enseñanza que nos deja una pandemia?

Los ángeles, con su infinito amor y paciencia, me mostraron que cuando una enfermedad se vuelve pandemia es porque el aprendizaje que trae consigo es a nivel global, es decir, es un aprendizaje masivo.

Antes de la pandemia del 2020, el Arcángel Miguel me mostró en una meditación una imagen que me dejó perpleja. Era el cascarón de un huevo enorme que se rompía y se caía a pedazos. Junto con los fragmentos del cascarón me mostraba cómo iban cayendo muchas personas; a la par, veía símbolos caer que representaban creencias, instituciones, sistemas, entre muchas otras cosas. Esta imagen, en un principio, me generó miedo, sin embargo, el Arcángel Miguel me siguió mostrando cómo del interior del huevo empezó a crecer una gran luz; entre más fragmentos del cascarón caían, esta luz era cada vez más visible y grande; al final, el cascarón desapareció por completo y solamente quedó la gran luz. Más tarde, el Arcángel Miguel me expresó que venían situaciones que iban a acelerar el proceso del nacimiento de una nueva humanidad, que no tuviera miedo, ya que, aunque el proceso podía generar confusión y temor, al final, la luz que se reflejaría sería hermosa.

Cuando llegó la pandemia entendí y me hicieron ver que todo estaba divinamente orquestado, que la pandemia estaba aquí como un catalizador del despertar de consciencia de la humanidad, que venía, por un lado, a romper lo que estaba obstaculizando el crecimiento de la humanidad, mientras que, por otro lado, abriría los corazones de los seres humanos para que volvieran a sentir, dar y compartir el amor.

En esos días, muy al inicio de la pandemia, mientras meditaba con el Maestro Jesús, recibí este mensaje:

SANAR LOS CORAZONES DE LOS HOMBRES

Mi querida hija:

Me pides ahora que detenga toda esta tempestad, me pides que cure la enfermedad y que regrese al mundo a ser lo que era antes…

Hija mía, no te das cuenta, no puede ser así, no ves que hay hombres que deben ser sanados, no ves que no son los cuerpos, sino los corazones de los hombres los que están enfermos.

Todo esto ya lo sabes, debe suceder porque es la manera de despertar a la humanidad, de hacerles abrir los ojos para que vean lo que es realmente importante para ustedes. No, no importa el automóvil, la ropa, el trabajo ni tampoco el dinero… No son importantes las grandes corporaciones ni las cadenas multinacionales…

Lo único que es realmente importante son ustedes, los hombres… Tu familia, tu pareja, tus hijos… Lo único realmente importante es la forma en que cada uno abre el corazón y la forma en que pueden compartir el amor entre ustedes.

Lo único verdaderamente importante es ser feliz, y ¿sabes qué?, no lo estaban siendo.

Me pides que pare todo… Pero escucha, nunca volverán a ser lo que fueron antes… No habrá retorno a una humanidad deshumanizada, no habrá retorno a corazones cerrados, a vidas sin sentido; no hay retorno al egoísmo, ni a la vida frívola.

Hija mía, no tengas miedo… Mira… Detente… Mantén la calma… Respira…

Ve cómo todo vuelve a su camino, cómo se restaura todo, cómo se abren los corazones y las personas comienzan a sentirse de nuevo… Mira los ojos que vuelven a mirar al cielo y, por una vez, las personas reconocen que no están solas… Mira cuánta belleza…

No tengan miedo, sepan que todo esto es, en sí mismo, el principio de una realidad mucho más bella, de un nuevo viaje lleno de luz y amor.

Hija mía, nosotros, Jesús y los ángeles, quienes te aman tanto, siempre estamos contigo y con todos aquellos que tienen un corazón abierto para recibirnos…

Hija mía… Mira… Detente… Mantén la calma… Respira…

No tengas miedo... Todo está bien... Lo mejor está por venir...

Te amamos y siempre estamos contigo,

Jesús
Mensaje canalizado por Angélica Bovino. 28/03/20

Más adelante, el Arcángel Miguel me dio un segundo mensaje relacionado con el hecho de que los seres humanos tenemos que hacernos responsables de nuestra vida, de cómo debemos de dejar de ver y culpar al entorno por lo que nos sucede y reconocernos creadores de nuestra propia existencia. Esto me lo señaló como una parte muy importante del aprendizaje que íbamos a recibir.

Lo que me mostró en este segundo mensaje fue una nata densa y oscura sobre la humanidad, la cual me señaló que era una nata de miedo. Inmediatamente después, me mostró pequeñas burbujas de luz que salían de la nata de miedo; mientras se iban elevando, me enseñó que dentro de cada una de estas burbujas estaba un ser humano despierto, creando su propia realidad.

El Arcángel Miguel me enseñó con esta imagen que, uno a uno, iremos despertando y que es responsabilidad de cada uno de nosotros crear su propia burbuja de luz, esto lo logramos a través de abrir el corazón, entrar en contacto con nuestra luz interior y hacerla brillar; si bien existimos muchos terapeutas, maestros espirituales y meditadores que podemos ayudar en el proceso, este es un trabajo individual. Cada persona lo tiene que ir haciendo a su tiempo y a su ritmo. De la misma manera, el Arcángel Miguel me mostró que no importa qué tan oscura o densa se vea la realidad en el entorno, cada uno de nosotros podemos crear nuestra propia realidad a través de nuestros pensamientos, sentimientos y vibración.

Meses más tarde, en otra meditación, el Arcángel Miguel me mostró cómo iremos creando la nueva humanidad, me enseñó la misma nata de miedo y las burbujas que salían de la nata, solo que en esta ocasión eran muchas más; y posteriormente, me mostró cómo se irán conectando unas con otras, formando una rejilla de luz. Esta rejilla, según el Arcángel Miguel, son los cimientos de la nueva humanidad.

En esta misma meditación me dijo que es muy importante que los que ya estamos despiertos, los que tenemos como misión de vida ayudar a otros, seamos faros de luz para los que están despertando.

Una vez pasada la pandemia, los mensajes continúan. El mensaje que recibí de los ángeles para los años 2024 y 2025 son que el mundo seguirá pareciendo caótico en muchos sentidos, pero que tenemos que recordar que cada uno de nosotros es el creador de su propia realidad, que debemos vibrar alto, manifestar la vida que deseamos y observar los pequeños y grandes pasos que estamos dando hacia una nueva humanidad.

MIRA CON LOS OJOS DE TU CORAZÓN (EL NACIMIENTO DE LA NUEVA HUMANIDAD)

Querido mío:

Vemos a muchos de ustedes consternados y preocupados por el futuro de la humanidad; algunos atentos a las noticias, otros especulando sobre diferentes escenarios que, según ustedes, podrían suceder. Se preguntan si habrá desastres naturales o guerras; o quizá una nueva pandemia. A veces sienten miedo de lo que está por venir.

Algunos otros, los que ya despertaron y saben del hermoso cambio que está por venir, se preguntan ¿cómo va a ser la transición que van a vivir?

Hoy te recuerdo que todo en la vida se muestra de acuerdo al cristal con el que se mire; cuando eres capaz de salirte de la nata espesa del miedo y entras en tu burbuja de iluminación, cuando puedes mirar con los ojos de tu corazón, puedes ver con más claridad; es ahí cuando ves la belleza, entiendes que Dios los tiene sostenidos entre sus manos, que todo, absolutamente todo lo que está sucediendo es parte de un plan Divino que Él trazó para la humanidad y para cada uno de ustedes.

Recuerda que eres tú quien elige hacia dónde mirar y hacia dónde dirigirte, eres tú quien lleva el timón de tu propio barco. Recuerda, amado mío, mirar siempre la belleza de tu propia vida, esa vida que tú mismo estás creando; recuerda siempre que eres tú el pintor que está llenando su lienzo de colores. No importa lo que suceda alrededor, tú estás creando tu propia obra maestra.

Hoy pongo en tus ojos flores de colores para que siempre seas capaz de mirar con tu corazón, de ir más allá de las circunstancias que tu ego se empeña en mostrarte y que puedas ver con alegría la belleza implícita de cada situación de tu vida y del nacimiento de esta nueva y hermosa humanidad.

Te amo siempre y estoy contigo,

Arcángel Jofiel

EJERCICIO N° 23: ¿QUÉ FUE LO QUE DE MANERA PERSONAL ME ENSEÑÓ LA PANDEMIA?

Para realizar los ejercicios contenidos en este libro, te invito a copiar y hacer click en este link:

https://angelesentuvida.angelicabovino.mx/medicina-espiritual-meditaciones

O puedes acceder por medio de este QR:

Conclusiones

Si pudiera resumir este libro en unas cuantas líneas, querido lector, te hablaría de la importancia de conocerte a ti mismo, de entender que no solamente eres un cuerpo físico, sino una maquinaria perfecta hecha por la Divinidad para funcionar de manera perfecta. Este hermoso engranaje, que es tu ser, no solamente se compone de tus órganos, músculos y huesos, sino también incluye tus pensamientos, sentimientos y energía. Aprender a vernos como un todo en el proceso de sanación es crucial.

Por otro lado, te hablaría de la responsabilidad que todos tenemos en el proceso de sanarnos a nosotros mismo. Estamos acostumbrados, porque así nos lo han enseñado, a poner nuestra responsabilidad de sanación en manos de un médico o de un cuidador; es nuestro cuerpo, nuestro ser el que está enfermo y requiere sanar, por ende, también es nuestra responsabilidad buscar esta sanación. Recuperar nuestro poder personal en la búsqueda integral de la sanación también es importante.

Creo firmemente que, mientras sigamos en este plano de existencia, encarnados en este cuerpo humano, seguiremos sanando, creciendo y aprendiendo. También que, si aprendemos a escucharnos, si nos convertimos en observadores de nosotros mismos, nuestro cuerpo no necesitará de las enfermedades para expresar lo que necesita. Aprender a vernos, escucharnos y sanar nuestras necesidades es un acto de amor propio; en la medida

que nos amemos a nosotros mismos y que aprendamos a priori-
zarnos, a vernos, a estar para nosotros; en la medida en que nos
tratemos con respeto, en que nos procuremos y cuidemos, enfer-
maremos menos.

Pero aun si llegáramos a presentar una enfermedad, al igual
que cualquier otro problema o situación que se nos atraviese en la
vida, si somos capaces de vivirla desde esta nueva consciencia, si
logramos verla como una maestra de vida, si observamos las bendiciones escondidas y agradecemos lo que sea que nos traiga, podremos experimentarla desde una manera totalmente diferente.

Por último, hay que recordar que, pase lo que pase en nuestra
vida, no estamos solos, tenemos a nuestra disposición la hermosa
energía divina, un ejército de ángeles dispuestos a acompañarnos,
a guiarnos, a ayudarnos a sanar, a allanar el camino para que sea
más fácil, pero, sobre todo, a hacernos sentir profundamente
amados.

* * *

Querido lector, te agradezco el haber llegado hasta aquí y, desde
el fondo de mi corazón, te deseo salud perfecta de la mano de los
Ángeles y Arcángeles, bendiciones.
Con cariño,

Angélica B.

Agradecimientos

Gracias Dios, arcángeles y ángeles por llevarme de la mano, por estar siempre junto a mí, por protegerme, cuidarme, sanarme, mostrarme mi camino y por impulsarme a dar los pasos que me llevan cada día a crecer y a dar lo mejor de mí. Gracias por esta hermosa misión de vida, que no es solo mi trabajo, sino una fuente inagotable de satisfacción al ver cómo los corazones que toco a través de mis terapias, cursos y publicaciones se abren y transforman. Gracias por llevarme a la plenitud, por llenar de amor mi corazón y por darle un sentido tan hermoso y profundo a mi vida.

Gracias mamá y papá, porque sé que siguen cerquita de mí, impulsándome y guiando mi camino. ¡Los amo y extraño!

Gracias Ana Sofía y Emilio por ser mi inspiración, mi motor, mis principales asesores e inspiradores. Gracias por permitirme el honor de ser su mamá y de ser testigo de cómo se han ido desarrollando hasta convertirse en los increíbles seres humanos que son hoy.

Gracias Ber, por ser mi compañero de vida, por tu apoyo constante, por ser mi cómplice en esta loca aventura, gracias por tu paciencia y tu amor incondicional.

Gracias Adri por ser, además de mi hermana, mi mejor amiga y confidente; gracias Yoli, Clau y Gaby por su cariño, sus porras y por estar siempre presentes en mi vida.

Gracias Pepito, Soco, Tania, Eli, Iván, Alexis, Tam, Babys y Diana por ser el mejor equipo de trabajo, por su esfuerzo, dedicación y esmero; por el amor que ponen en cada proyecto que hacemos juntos.

Gracias a la increíble familia espiritual que hemos creado en Ángeles en tu Vida. Gracias Tere B., Sergio, Erika, Martha, Elva, Marisol, Paola, Adri, Sandy, América, Claudia, Daddy, Faby, Gina, Gio, Juan, Lupita y Tere M., por su apoyo constante, por el amor y la dedicación que ponen en cada clase. Gracias a ustedes, Ángeles en tu Vida se está expandiendo y cada día llegamos más lejos.

Gracias a cada uno de mis angeloterapeutas certificados por creer en mí, por elegirme como su maestra y, porque al hacerlo, se convierten en una extensión de esta hermosa tarea de compartir la luz.

Gracias a mis alumnos por permitirme tener el honor de acompañarlos en una parte de su camino y verlos florecer.

Gracias a cada uno de mis consultantes, por su confianza y por permitirme ser testigo de su evolución. Cada terapia ha sido una historia y una fuente de aprendizaje invaluable.

Gracias Lari por esperarme tanto tiempo con este libro, gracias por recibirme nuevamente con los brazos abiertos, gracias por tu amistad y apoyo incondicional.

Gracias Ale por la portada de este libro, supe desde el primer momento que tú eras la persona indicada para canalizarla y plasmarla en papel.

Gracias a todos mis maestros terrenales que de alguna manera han compartido conmigo su sabiduría y conocimientos

Pero, sobre todo, gracias a ti, querido lector, por aventurarte conmigo en estas páginas que espero aporten a tu vida luz, magia angelical y mucha sanación.

¡Gracias!

Datos de contacto

Visita mi página:

www.angelicabovino.mx
www.angelesentuvida.com.mx

Escríbeme:

angelica@angelesentuvida.com.mx

Sígueme en:

Facebook: Angélica Bovino (escritor)
Instagram: @angélicaBovino
Tiktok: @angelica_bovino

Si quieres conocer más sobre mis cursos…

...escanea este código para más información:

Te invito también a conocer mi línea de joyería de sanación y manifestación con los Arcángeles:

Escanea este código para más información: